North America
San Francisco
Los Angeles
Baja California
Gulf of Mexico
Bahama Islands
Cuba
Caribbean Sea
Cape Verde Islands
Atlantic Ocean
Africa
Galapagos Islands
Ascension
South America
St. Helena
Marquesas Islands
Tuamotu Archipelago
Tahiti
Pitcairn Island
Easter Island
Cape Town

Titelfotos

Oben links: *Chaetodon rainfordi*
Oben rechts: *Genicanthus watanabei*
Großes Bild: *Chaetodontoplus dubouleyi*

Roger C. Steene

Falter- und Kaiserfische

Dieses Buch widme ich dem Ichthyologen Dr. Gerald R. Allen, meinem Tauchkameraden und Lehrer.

Das Pickersgill-Riff im Australischen Barriere-Riff bei Ebbe

CIP Kurztitelaufnahme der Deutschen Bibliothek
Steene, Roger C.:
Falter- und Kaiserfische, Band 1: Australien, Neuguinea, Indopazifik
Melle: Mergus Verlag, 1997
ISBN 3-88244-001-5

Typografische Gestaltung: Braun Design, H.-J. Braun, Werther
Satz: Frommeyer, Osnabrück
Druck: MERGUS PRESS, Singapur
Lithos MWK-Repro GmbH, Kirchlengern
Redaktion: Dr. Gerald R. Allen, Perth/Australien
Aquaristische Bearbeitung: Hans A. Baensch

Reprint 1997

Printed in Singapore

Roger C. Steene

Falter- und Kaiserfische

Vollständige Erfassung der Arten um Australien und Neuguinea unter Berücksichtigung ihres Vorkommens im Indo-Pazifik. Mit 236 Farbabbildungen, davon über 100 Original-UW-Fotos.

Band 1

Bearbeitung Hans A. Baensch

MERGUS
Verlag für Natur- und Heimtierkunde
Hans A. Baensch · Melle · W. Germany

Inhaltsverzeichnis

Vorwort

Ein ausführliches und zugleich gut bebildertes Werk über die schönsten Korallenfische, nämlich die Falter- und Kaiserfische (Familien der Borstenzähner und Verwandte), hat bisher gefehlt.
In Band 1 des vorliegenden Werkes hat der Autor Roger C. Steene in beispielhaftem Einsatz über 100 Unterwasseraufnahmen der gesamten Arten dieser Fischgruppe aus den Küstengewässern Australiens und Neuguineas zusammengetragen und Angaben über das Verhalten und die Ernährungsgewohnheiten gemacht.
In den hauptsächlichen Verbreitungsgebieten der in diesem Band beschriebenen Fische (Indo-Australischer Archipel) ist die Familie der Borstenzähner wahrscheinlich in den frühen Stadien des Tertiärzeitalters (vor ca. 50–60 Millionen Jahren) entstanden und verbreitete sich von hier aus über den gesamten tropischen Gürtel der Erde.
Es besticht vor allem, daß dieses Buch ein in sich geschlossenes Werk darstellt, weil alle Arten, die um Australien und Neuguinea vorkommen, hierin erfaßt sind. Dabei werden über die Hälfte aller bekannten Arten der Familien *Chaetodontidae* und *Pomacanthidae* behandelt. Viele derselben kommen auch in anderen Teilen des Pazifischen und Indischen Ozeans vor.
In Band 2, den der Verlag in Vorbereitung hat, sollen weitere Arten der Falter- und Kaiserfische erfaßt werden, insbesondere die aus der Karibik, dem Roten Meer und aus den bisher wenig erforschten Teilen des Pazifischen Ozeans.
Von einigen dieser bemerkenswerten Fische gab es bisher kein Fotomaterial. Das vorliegende Werk schließt diese Lücke, so daß es sowohl für den Ichthyologen als auch für den Aquarianer, Taucher und Naturliebhaber im allgemeinen besonders wertvoll sein dürfte.
Band 2 soll im Jahre 1978 erscheinen. Anregungen zur Verbesserung des Werkes, insbesondere zur möglichst vollständigen Erfassung aller Arten dieser liebenswerten und zauberhaften Fischfamilien nimmt der Verlag gern entgegen. Vor allem bittet der Verleger diejenigen Bildautoren, die über hervorragendes Fotomaterial der in Band 1 nicht beschriebenen Arten verfügen, um ihre Mitarbeit.

Hans A. Baensch
als Verleger und Herausgeber

Dank für wissenschaftliche Mitarbeit

Mein besonderer Dank gilt zwei Autoritäten auf dem Gebiet der Korallenfische: Dr. John E. Randall vom Bernice P. Bishop Museum, Hawaii, und Dr. Gerald R. Allen vom Western Australian Museum, Perth, für ihre Unterstützung, Hilfe und die Förderung, die sie mir zuteil werden ließen.
Weiter danke ich John Braun, Alan Briggs, Wade Doak, Dr. Robert Goldstein, Dr. Douglas Hoese, Rudie Kuiter, Roger Lubbock, Dr. Rolly McKay, Roy O'Connor, Steve Parish, Barry Russell, Lyle Squire und (dem verstorbenen) Gilbert Whitley für ihre Unterstützung. Ferner Dr. John Paxton vom Australian Museum, der mir Untersuchungen an den dort vorhandenen Fischen ermöglichte.
Ein herzliches „Danke schön" geht an Paul Watson, den Kapitän der „Noremac", für die Teilnahme an zahllosen Expeditionen ins Große Barriere-Riff, u. a. zu Plätzen, die nie zuvor erforscht wurden.

Roger Steene

Einführung

In den letzten Jahren hat der Tauchsport, besonders in Verbindung mit dem aquaristischen Hobby, zunehmend an Beliebtheit gewonnen; im gleichen Maße stieg das Interesse am Leben der Korallenfische.
Chaetodonten und Pomacanthiden, volkstümlich auch Falter-, Gaukler- und Kaiserfische genannt, gehören zu den prachtvollsten Korallenfischen der Welt. (Die früher und vielfach noch gebräuchliche deutsche Bezeichnung „Schmetterlingsfische" für die Falterfische gebührt einer schon zuvor so benannten Familie von Süßwasserfischen. Um die wissenschaftlichen Regeln der Priorität auch in diesem Fall zu beachten, wurde hier auf die populärere Benennung verzichtet. Red.)
Die farbenprächtigen Falterfische haben einen seitlich zusammengedrückten Körper; oft ist die Schnauze verlängert, was ihnen die Möglichkeit gibt, sich ihre Nahrung an solchen Stellen zu suchen, die für andere Tiere nicht zugänglich sind, z. B. in Spalten und Klüften der Korallenriffe. Hier picken sie die zwischen den Korallenstöcken lebenden wirbellosen Tiere auf und verzehren die in den Stöcken sitzenden Korallenpolypen. Kaiserfische tragen auf jeder Kiemendeckelseite einen dornartigen Stachel, durch den sie sich von den nahe verwandten Falterfischen unterscheiden.
Die Fischfauna der Korallenmeere um Australien und Neuguinea ist eine der reichsten der Welt. Bisher gab es keine vollständigen Veröffentlichungen über Falter- und Kaiserfische aus diesem Gebiet. Das bislang umfassendste Werk ist Munro's „Fishes of New Guinea". Der Autor beschreibt darin 41 verschiedene Arten, von denen allerdings zwei irrtümlich eingeordnet sind: *Chaetodon dahli,* von dem Munro drei juvenile Formen beschreibt (bei denen es sich wahrscheinlich um die Jungfische einer anderen, früher beschriebenen Art handelt), und *Chaetodon miliaris,* die es nur bei den Sandwich-Inseln (besser bekannt unter dem Namen Hawaii) gibt.
Mit den in diesem Buch veröffentlichten Beschreibungen von Falter- und Kaiserfischen erhöht sich die bisher um Neuguinea festgestellte Anzahl von 35 auf 58 Arten. 77 verschiedene Arten, die auch zu diesen Familien gehören, sind uns aus Australien bekannt. Vor Publikation dieses Buches gab es lediglich 41 bekannte Arten, für dieses große Gebiet eine unvorstellbar niedrige Zahl. Dr. B. GOLDMANN beschreibt eine derselben, nämlich *Chaetodon aphrodite* OGILBY, als die Jugendform von *Ch. flavirostris.* Eine andere Art, *Ch. vitulus,* die WHITLEY als Jungfisch vorstellt, ist wahrscheinlich synonym mit einer bereits bekannten Art, möglicherweise *Ch. güntheri.*
Für den Wissenschaftler und den Laien von gleichem Interesse dürften die Abbildungen von Kreuzungen zwischen Falterfischen einerseits und Kaiserfischen andererseits sein.
Außerdem werden in dem hier vorliegenden Buch die Namen der bekannten Arten auf den neuesten Stand gebracht. Viele dieser Bezeichnungen erscheinen zum erstenmal im Druck, und ich möchte an dieser Stelle Herrn Warren E. BURGESS, New Jersey (USA), für seine freundliche Unterstützung danken. Herr BURGESS ist eine anerkannte Kapazität; z. Z. revidiert er die wissenschaftliche Zuordnung aller Falterfische.
Nachstehende frühere Gattungsnamen sind in diesem Buch in die Gattung Chaetodon integriert worden: Anisochaetodon, Gonochaetodon, Megaprotodon und Tetrachaetodon.
Viele Einzelheiten über Laichverhalten, Aufzucht, Wachstum und Freßgewohnheiten der Korallenfische sind uns noch unbekannt. Wenn Informationen dieser Art jedoch bereits vorhanden sind, so habe ich sie jeweils erwähnt. Ich habe mich auch bemüht, die verschiedenen Färbungen, die ein Fisch im Laufe seiner Entwicklung durchmacht, aufzuzeigen. Größenangaben zu den Abbildungen oder im Text beziehen sich auf die Gesamtlänge (gemessen von der Maulspitze bis zum mittleren Außenrand der Schwanzflosse) des Tieres. (Bei der „Standardlänge" = Körperlänge mißt man von der Maulspitze bis zum Ansatz der mittleren Flossenstrahlen der Schwanzflosse.)
Abgesehen von den hier beschriebenen Fischen aus den Familien der Falter- und Kaiserfische, berichte ich auch noch über einige nah verwandte Arten; die meisten von ihnen wurden irrtümlicherweise von den Wissenschaftlern des letzten Jahrhunderts den Chaetodonten zugeordnet. Zu diesen gehören die Familien: Scatophagidae, Scorpididae und Enoplosidae. Sie sind auffallend gezeichnet und gehören zu den erklärten Lieblingen der Taucher und Aquarianer in Australien.
Aufgrund ihres Bekanntheitsgrades und ihrer auffälligen Lebensgewohnheiten ist es heute sehr schwer, eine bisher unbeschriebene Art unter den Gauklern und Kaiserfischen zu finden. In den letzten Jahren ist es dennoch einigen Tauchern gelungen, neue Arten

ausfindig zu machen, die in größeren Tiefen leben. Natürlich besteht auch weiterhin die Möglichkeit, daß es noch andere, unentdeckte Arten gibt. In der Nähe der Insel Haggerstone (nördliches Barriere-Riff) entdeckte ich z. B. vor einiger Zeit ein Chaetodonten-Paar, das mir aus der Literatur nicht bekannt war. Leider gelang es mir nicht, es zu fangen, die wahre Identität bleibt daher wohl vorerst ein Geheimnis. Falls ein Leser Falter- oder Kaiserfische aus Australien oder Neuguinea kennen sollte, die in diesem Buch nicht beschrieben sind, würde ich mich über jede Zuschrift freuen.
Roger C. Steene
(zu erreichen über den Verlag)

Bezeichnung der Körperteile eines Fisches (Centropyge)

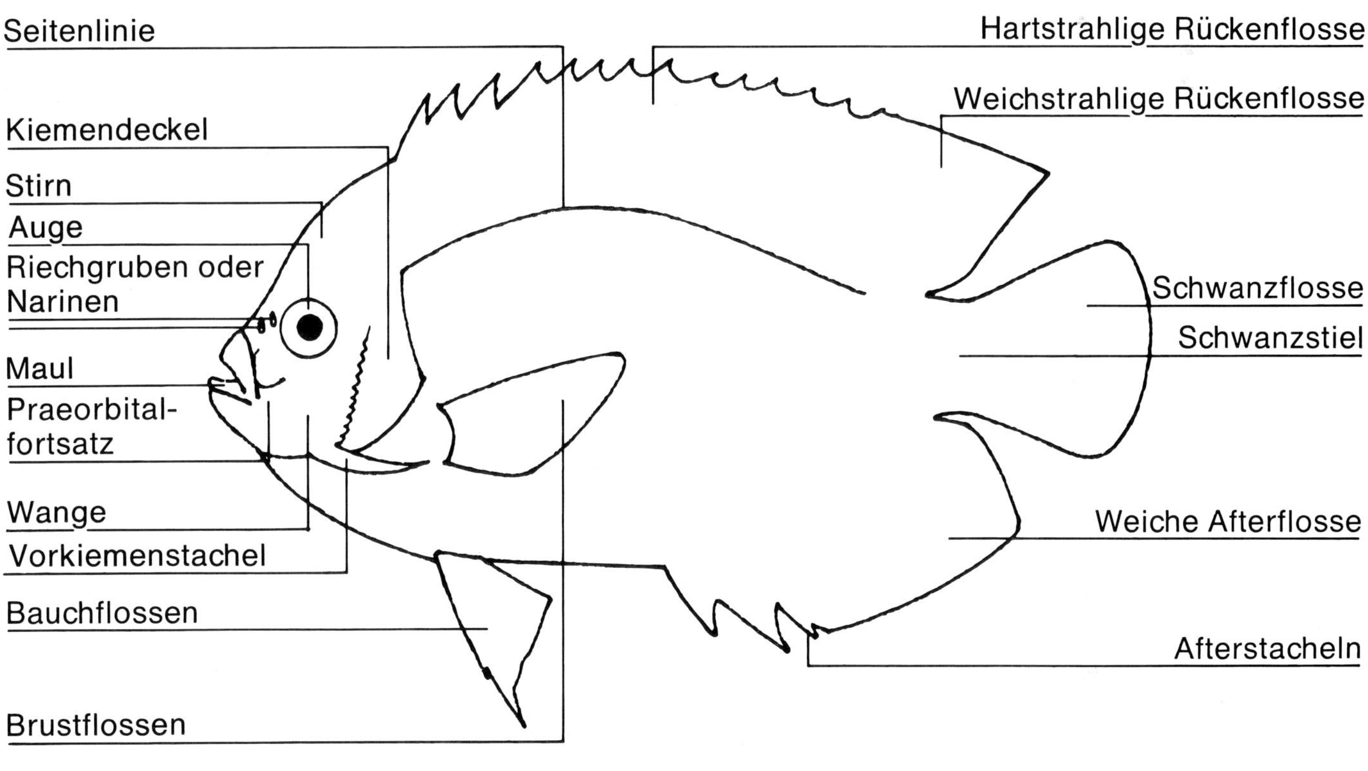

Stammbaum der Gattungen der Unterfamilie Chaetodontinae (nach AHL 1923)

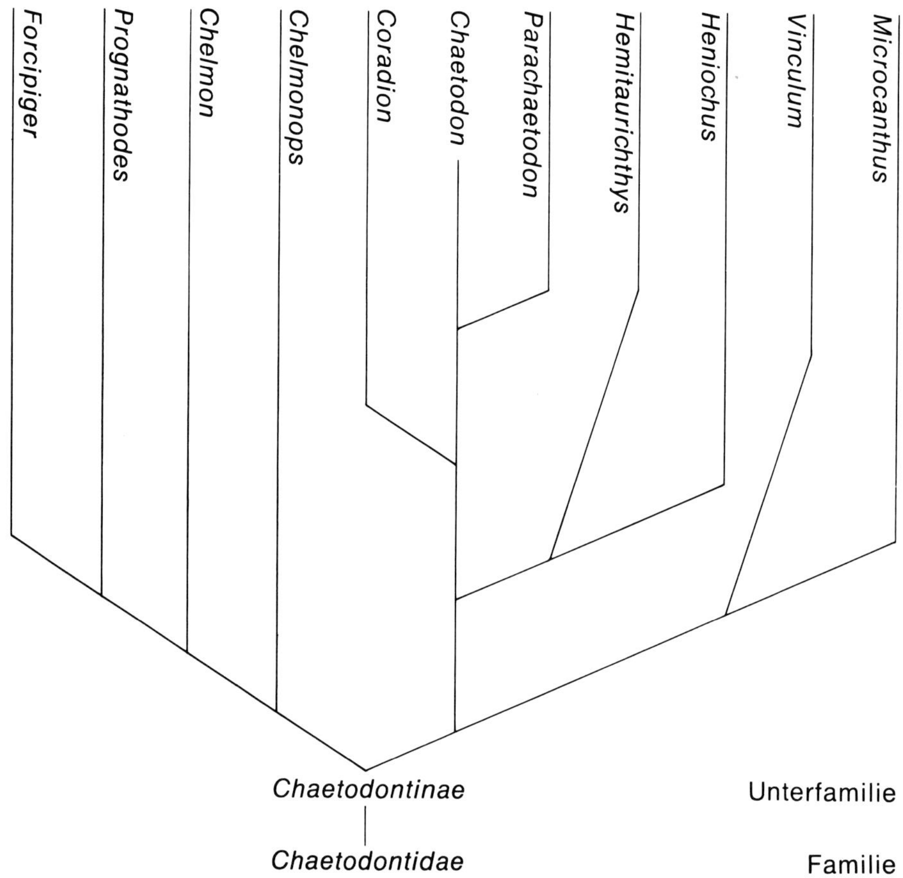

Neuordnung

Die Unterfamilie *Chaetodontinae* entfällt. Die Familie *Chaetodontidae*, die bislang auch die bisherige Unterfamilie *Pomacanthinae* umfaßte, ist als alleinige Familie für die Falterfische anzusehen. Die Kaiserfische dagegen werden nunmehr zur eigenständigen Familie *Pomacanthidae* gestellt. Die Gattung *Pomacanthus* kann auch als Untergattung (dann *Pomacanthodes)* bezeichnet werden.

Die bei AHL noch unter die *Chaetodontidae* fallende Gattung *Microcanthus* gehört nach FRASER-BRUNNER zu der Familie *Scorpididae* (Steinbrassen).

Ebenso ist *Vinculum* als Gattung heute zu der Familie *Scorpididae* zu zählen.

Prognathodes ist eine weiterhin bestehende Gattung von Pinzettfischen, die in Band 2 erfaßt werden wird.

Die übrigen im Stammbaum enthaltenen Gattungen nach AHL blieben bestehen.

Auf den Stammbaum der *Pomacanthidae* gehen wir in Band 2 ein. (Red.)

Gattung
Chaetodon

Falterfische

Chaetodon auriga

Chaetodon adiergastos SEALE 1910
Philippinen-Falterfisch

Ein seltener Fisch in australischen Gewässern. Einige wenige Exemplare wurden in West-Australien und am Dampier Archipel gefangen. Sie hielten sich zwischen Korallen in einer Tiefe von 2 bis 10 m auf. Dem sehr scheuen Fisch kann man sich nur äußerst vorsichtig nähern. Maximale Länge 15 cm. Früher kannte man die Art nur von Taiwan und den Philippinen; in letzter Zeit konnte sie allerdings auch um Indonesien beobachtet werden. Dieser Falterfisch wird wenig importiert, da er auch in der Natur selten ist. Die Pflege im Aquarium ist verhältnismäßig einfach.

1.
Chaetodon adiergastos
ca. 7 cm. Der Augenfleck der Jungtiere verschwindet mit zunehmendem Alter.

2.
Chaetodon adiergastos
ca. 10 cm.

1 ▲

2 ▼

Chaetodon assarius WAITE 1905
Westaustralischer Falterfisch

Chaetodon assarius ist eng verwandt mit *Ch. güntheri* aus dem südöstlichen Teil Australiens; sein Vorkommensgebiet beschränkt sich jedoch auf die Küstengewässer West-Australiens, und zwar von Perth bis Shark Bay, wo man ihn meistens in Tiefen von einem Meter bis höchstens 12 m antrifft. Ausgewachsene Tiere, die eine Länge von max. 13 cm erreichen, leben in Gruppen. Diese Art nährt sich hauptsächlich von Algen und Plankton. Sie ist in den Aquarien amerikanischer und europäischer Aquarianer bisher nicht aufgetaucht, wohl aber in Australien. Der Fisch zählt zu den einfach zu pflegenden Arten.

3.
Chaetodon assarius
Halb erwachsen,
6 cm.

▼ 3.

Chaetodon aureofasciatus MACLEAY 1878
Goldstreifen-Falterfisch

Man findet den Goldstreifen Falterfisch ausschließlich um Australien und Neuguinea, hauptsächlich an der Innenseite küstennaher Riffe im Großen Barriere-Riff, sowie Küstengewässern des nördlichen Neusüdwales, West-Australien und des Northern Territory. Der Fisch wird ca. 13 cm lang (Foto 4). Das Farbkleid wird mit zunehmender Größe nicht geändert. Er lebt entweder allein oder paarweise und bevorzugt flache, geschützte Gewässer, wo er Algen und Korallenpolypen finden kann. In den Monaten Oktober, November und Dezember sind die Jungtiere ca. 1 cm lang; sie halten sich vorzugsweise zwischen Fingerkorallen auf, wo sie leicht zu finden sind. Foto 6 zeigt ein Jungtier von 2,5 cm Länge. Diese Art verträgt einen hohen Prozentsatz Süßwasser, weshalb man sie häufig in der Nähe von Flußmündungen antrifft. Bisher ist sie jedoch, außer von einigen australischen Liebhabern (selbstgefangene Tiere), weder in Nordamerika noch Europa gehalten worden.
C. Lee aus Australien gibt an, daß die Art im Aquarium sehr schwierig zu pflegen ist. Gern werden Röhrenwürmer von der Art Galiolaria hystrix genommen, von Ersatzfuttermitteln nach Eingewöhnung auch Enchyträen oder auf Futtersteinen dargereichte Nahrung.

Die einzigartige Kreuzung zwischen *Chaetodon aureofasciatus* x *Ch. rainfordi* (Foto 5) wurde im Decapolis-Riff, 12 Meilen westlich von Lizard Island im Großen Barriere-Riff gefunden und zwar in Gesellschaft von zwei *Ch. aureofasciatus*. Während der zwei Stunden dauernden Beobachtungszeit entwickelte dieser Fisch ein ungewöhnliches Maß an Zutraulichkeit: Meine Gegenwart schien ihn überhaupt nicht zu berühren. Das zweite Exemplar sah ich am Kai von Green Island, nördliches Queensland.
Kreuzungen zwischen Seewasserfischen gibt es nur selten. Ich habe solche lediglich in 30 Fällen beobachten können: Fünf davon betrafen Falter- und Kaiserfische. – Eine Kreuzung zwischen *Ch. ornatissimus* und *Ch. meyeri* konnte übrigens in der Nähe von Rabaul, Neu-Britannien, beobachtet werden. Zur Zeit bearbeite ich zusammen mit zwei Biologen (Randall, Allen) eine wissenschaftliche Abhandlung über solche Vermischungen.

◄ 4 5 ▲ 6 ▼

Chaetodon auriga FORSKÅL 1775
Fähnchen-Falterfisch

Ein Falterfisch, der im Barriere-Riff und Neuguinea sowohl im inneren als auch im äußeren Riff häufig anzutreffen ist. Zum Vorkommensgebiet gehören aber auch die Küstenbereiche von Neusüdwales, Queensland und West-Australien; es erstreckt sich außerdem über den gesamten Indo-Pazifik. Die Art liebt zwar reichen Korallenwuchs, gibt sich aber auch mit wenigen Stöcken zufrieden. Ein ausgewachsenes Exemplar erreicht eine Länge von ca. 23 cm. In diesem Stadium ist die Rückenflosse wimpelartig ausgezogen. Der Fisch lebt in Wassertiefen von einem bis höchstens 10 m, allein oder in Paaren. Selten tritt die Art in Schwärmen auf. Sie ist nicht scheu und daher leicht zu fangen oder zu fotografieren. Die Nahrung setzt sich hauptsächlich aus Korallenpolypen, Borstenwürmern (Polychaeten), Algen, Garnelen, kleinen Schnecken (Gastropoden) und Würmern zusammen. Im Roten Meer lebt die Unterart *Ch. auriga auriga.* Erwachsene Tiere dieser Unterart haben den Augenfleck in der Rückenflosse verloren, den Jungtiere noch besitzen. Die hier behandelte Art wird auch als Unterart *Ch. auriga setifer* bezeichnet.

7.
Chaetodon auriga
Jugendform, 3,8 cm. Bei dieser Art bleibt der Augenfleck auch später erhalten. Lediglich das Fähnchen entwickelt sich erst beim erwachsenen Tier.

8.
Chaetodon auriga
Variante der Natur: Die unteren Diagonalstreifen sind unterbrochen.

9.
Chaetodon auriga
Voll ausgewachsen, 20 cm. UW-Aufnahme im Australischen Barriere-Riff.

7 ▲ 8 ▼ 9 ▶

Chaetodon baronessa Baroness

CUVIER 1831

Diese Art wird gewöhnlich als *Chaetodon triangulum,* Triangel-Falterfisch, bezeichnet. Es gibt jedoch zwei Arten der gleichen Gattung: Der um Australien und Neuguinea vorkommenden (Unter-?) Art – *Ch. baronessa* – fehlt der von einem gelben Dreieck eingerahmte Schwanzflossenfleck. Der etwa 13 cm lang werdende Fisch lebt gewöhnlich paarweise in Tiefen von weniger als 10 m. Die schlanke Körperform ermöglicht es ihm, schnell in einem Versteck zu verschwinden; die „Baroness" ist also sehr scheu und flüchtet schon, wenn andere Fische noch nicht reagieren. Ein häufiges Vorkommen wurde im Großen Barriere-Riff und in Melanesien beobachtet; einige wenige Exemplare wurden an der Nordküste von Neusüdwales gesichtet. Die Haltung im Aquarium ist schwierig, auch überleben die heiklen Fische meistens schon den Transport nicht. Deshalb sollte man auf eine Haltung verzichten.

10. Zum Vergleich: *Chaetodon triangulum* Halb erwachsen 8 cm. Aquariumaufnahme von Sri Lanka.

10 ▲ 11 ▼ 12 ▶

11. *Chaetodon baronessa* Ausgewachsen 13 cm. UW-Aufnahme im Barriere-Riff.

12. *Chaetodon baronessa* Jungtier 4 cm. UW-Aufnahme, Neuguinea.

Chaetodon baronessa im Barriere-Riff

Chaetodon bennetti CUVIER 1831
Bennetts Falterfisch

Ein seltener, scheuer Fisch, der sich zumeist im äußeren Riffbereich findet, wo er Gebiete mit starkem Korallenwuchs und Wassertiefen bis zu 20 m bevorzugt. Dagegen findet man Jungtiere bis zu einer Länge von 5 cm oft in flachen, geschützten Gewässern, wo sie Korallen abweiden. Ausgewachsene Exemplare sind bis 18 cm lang. Die juvenile Färbung entspricht der der adulten Exemplare; lediglich die äußere Umrandung des schwarzen Seitenflecks verschwindet während des Wachstums.
Chaetodon bennetti kommt sowohl an den ostafrikanischen Küsten, um Madagaskar, den Seychellen und Mauritius, als auch im Pazifischen Ozean (Tahiti) vor. Der Fisch wird selten importiert und ist äußerst schwierig zu pflegen.

13 ▲ 14 ▼

13.
Chaetodon bennetti
Halb ausgewachsen, 7,5 cm, Aquarienaufnahme.
Von einer Haltung im Aquarium sollte man absehen, da die Ernährung mit Korallenpolypen fast unmöglich ist, und an eine andere Nahrung geht dieser wunderschöne Fisch leider nicht.

14.
Chaetodon bennetti
Ausgewachsen, 15 cm.
UW-Aufnahme im Australischen Barriere-Riff.

Chaetodon bennetti

Chaetodon citrinellus CUVIER 1831

Punktierter Falterfisch, Zitronen-Falterfisch

Ein im Großen Barriere-Riff und um Neuguinea häufig anzutreffender Gaukler, der die inneren und äußeren Riffseiten bewohnt, wobei er sich auch mit spärlichem Korallenwuchs zufriedengibt. Außer in den genannten Gebieten ist er an den Küsten von Neusüdwales und West-Australien sowie im Gebiet der Südsee zu finden. Es werden Wassertiefen bis zu 10 m bevorzugt. Die Art ist aggressiv. Fühlt sie sich von einem Taucher oder einem anderen Fisch bedroht, spreizt sie zur Abwehr die Rückenflossenstachel und nimmt mit gesenktem Kopf eine Abwehrhaltung ein. Die Grundfarbe reicht vom leuchtenden Gelb über Hellgelb bis Weiß. Die Färbung wird im Laufe des Wachstums nicht geändert. *Ch. citrinellus* wird bis zu 13 cm lang. Als Nahrung dienen Korallenpolypen, Algen und Würmer.

15 ▲ 16 ▼

15. *Chaetodon citrinellus* 12 cm, UW-Aufnahme.

16. *Chaetodon citrinellus* Ausgewachsen 12 cm. Aufnahme im Aquarium.

Chaetodon ephippium CUVIER 1831
Sattelfleck-Falterfisch

Chaetodon ephippium wird bis zu 23 cm lang. Die Art ist um Neuguinea, im Australischen Barriere-Riff und um West-Australien weit verbreitet. Seltener ist sie außerdem im Indischen Ozean bis zur ostafrikanischen Küste sowie im Pazifischen Ozean bis Japan und Hawaii, im Süden bis Tahiti anzutreffen. Die Tiere bevorzugen Tiefen bis zu 10 m mit reichem Korallenwachstum. Sie leben paarweise. Trächtige Weibchen sind leicht von den Männchen zu unterscheiden: sie sind in der Laichzeit voller. Wie aus den Abbildungen zu ersehen ist, wechselt der Fisch sein Farbkleid nur geringfügig. Hauptnahrung: Korallenpolypen, Algen, Garnelen und Würmer. Der Import erfolgt selten. Die Pflege ist deshalb schwierig, weil die Tiere nicht ans Futter gehen.

17. *Chaetodon ephеppium* Jugendform 3 cm, UW-Aufnahme.

18. *Chaetodon ephippium* Ausgewachsen 20 cm. UW-Aufnahm im Australischen Barriere-Riff.

17 ▲

18 ▼

Chaetodon flavirostris GÜNTHER 1873
Schwarzer Falterfisch

Der Schwarze Falterfisch kommt häufig im Großen Barriere-Riff vor, genauer gesagt, um das südliche Queensland, um Neusüdwales und insbesondere in den Gewässern um die Lord Howe-Insel. Das Verbreitungsgebiet reicht (nach RANDALL) im südlichen Pazifik bis Pitcairn. Seine Aufenthaltsgebiete sind höchst unterschiedlich: Sie reichen von dichten Korallenwäldern bis zu veralgten Felsen. Ausgewachsene Exemplare, die bis zu 20 cm Länge erreichen, findet man im Barriere-Riff häufig in der äußeren Riffzone, während Jungtiere mehr im geschützten inneren Riffbereich anzutreffen sind. Das Verhalten dieser Art gegenüber Tauchern scheint sich ganz nach der Herkunft zu richten. Die schwarzen Exemplare des Großen Barriere-Riffs sind scheu, ihre Artgenossen in den Gewässern der Lord Howe-Insel sind weitaus zutraulicher. Sie leben dort in Gruppen. Die Ernährung im Aquarium ähnelt der von *Chaetodon aureofasciatus*, S. 14. Die Haltung ist schwierig.

21. *Chaetodon flavirostris* Jugendform 4 cm, UW-Aufnahme.

20. *Chaetodon flavirostris* Ausgewachsen, UW-Aufnahme.

19. *Chaetodon flavirostris* 15 cm.

19 ▲

20 ▼

Chaetodon güntheri — AHL 1913
Günthers Falterfisch

Ausgewachsene Tiere erreichen eine Länge von 15 cm. Sie leben in den Gewässern um die Lord Howe-Insel und um Neusüdwales in Tiefen von 5 bis 30 m. Vereinzelte Exemplare wurden außerhalb der Lagune der Lord Howe-Insel in Bereichen mit starkem Korallenwuchs beobachtet. Auch aus japanischen Küstengewässern wurden Beobachtungen gemeldet. AHL gibt als Vorkommensgebiet allgemein den Indo-Malayischen Archipel und die Südsee an. Die Art ist mit *Ch. miliaris* von Hawaii verwandt und ähnelt dieser in der Zeichnung. Über Pflege von *Ch. güntheri* ist wenig bekannt, er dürfte aber, ähnlich *Ch. kleini*, einigermaßen haltbar im Aquarium sein.

22. *Chaetodon güntheri* Ausgewachsen 12,5 cm.

Chaetodon kleini BLOCH 1790
Kleins Falterfisch

Diese Art wird selten länger als 12 cm. Besonders häufig ist sie um Neuguinea und Queensland, aber auch südlich bis Sydney anzutreffen. Sie wird im Sortiment der Importeure häufig angeboten, weil sie sowohl im Indischen Ozean bis zur ostafrikanischen Küste als auch im Pazifischen Ozean bis hin zu den Marshall-Inseln im Norden und Tahiti im Süden oft vorkommt.

Bevorzugter Lebensraum: Riffe mit sandigem, korallenbewachsenem Boden bei mäßigem Wellengang. Nur geringfügiger Farbwechsel: Lediglich der Fleck oberhalb des Auges nimmt bei älteren Exemplaren eine leuchtend hellblaue Färbung an. Die Fische sind zwar krankheitsanfällig, können aber, einmal eingewöhnt, in Gefangenschaft recht ausdauernd sein.

23 ▲

24 ▲

26 ▼

25 ▼

23.–25.
Chaetodon kleini
Jungtiere in verschiedenen Größen: 5 cm, 7,5 cm und 8,5 cm.

26.
Chaetodon kleini
Fast ausgewachsenes Tier von 9 cm Länge. Die Ernährung erfolgt mit handelsüblichen Futtersorten. Bevorzugt werden lebende Artemien und Frostfutter.

Chaetodon lineolatus CUVIER 1831
Gestreifter Falterfisch

Man nennt diesen Fisch zu Recht einen Riesen unter den Gauklern, denn Chaetodon lineolatus wird bis zu 30 cm lang. Vorkommen: Neuguinea, Ostküste Australiens bis Sydney. Ferner wurde die Art um West-Australien beobachtet. Darüber hinaus ist Ch. lineolatus auch im Indischen Ozean und im Pazifik bis Hawaii weit verbreitet. Der nicht besonders häufige Fisch weidet gern die Korallenpolypen der inneren Riffseite ab. Ausgewachsene Tiere sind scheu; es ist schwierig, sich ihnen zu nähern. Im Aquarium gehen sie willig an fast jedes angebotene Futter.

27. *Chaetodon lineolatus* Jugendform 7 cm, Aquariumaufnahme.

28. *Chaetodon lineolatus* Fast ausgewachsen 15 cm, UW-Aufnahme im Australischen Barriere-Riff.

27 ▼

28 ▶

Chaetodon lunula (LACÉPÈDE 1803)
Mondsichel-Falterfisch

29 ▲

Einer der beliebtesten Chaetodonten; die juvenile Färbung unterscheidet sich stark vom Farbkleid des adulten Tieres. Maximallänge 30 cm. *Ch. lunula* ist sehr scheu und zurückhaltend. Die Art lebt allein, paarweise oder in Trupps bis zu 20 Tieren am inneren Riff in Tiefen bis zu 5 m. Hauptverbreitungsgebiete sind Küstengewässer um Neuguinea und das tropische Australien, während die Art im nördlichen Meeresbereich um Neusüdwales nicht so häufig ist. Die Art kommt jedoch im gesamten indopazifischen Raum von Ostafrika (mit Ausnahme des Roten Meeres) bis Hawaii vor. HIATT und STRASBURG berichteten 1960 von den Marshall-Inseln, daß der Mondsichel-Falterfisch sich dort ausschließlich von Korallenpolypen ernähre.

30 ▼

29.
Chaetodon lunula
Jugendform 3,5 cm,
UW-Aufnahme.

30.
Chaetodon lunula
Ausgewachsen
18 cm,
UW-Aufnahme.

Der Mondsichel-Falterfisch ist einer der im Aquarium am einfachsten zu pflegenden Arten. Gegen Nitrit ist die Art fast genauso empfindlich wie alle anderen Falterfische. Die Ernährung mit tiefgefrorenem Artemia, das vor der Verfütterung aufgetaut werden muß, Flockenfutter und gefriergetrockneten Roten Mückenlarven bereitet kein Problem.

Chaetodon lunula

Chaetodon melanotus BLOCH und SCHNEIDER 1801
Schwarzrücken-Falterfisch

Ein „ausgefallener" Fisch, der seine Farben extrem wechseln kann; mit Ausnahme von zwei (manchmal auch nur einem) weißen Fleck nimmt die Rückenpartie im Schreckzustand oder bei Nacht eine schwarze Färbung an. Unter normalen Bedingungen wird man die Fleckenzeichnung jedoch kaum erleben. Vorkommen: Gesamtes Großes Barriere-Riff, auch um Neuguinea und Neusüdwales beobachtet. Daneben weit verbreitet, von Ostafrika bis zu den Fidji-Inseln. Bevorzugt werden flaches Wasser oder Lagunen. Keine scheue Art; die Tiere leben meistens paarweise, oft in Gesellschaft verwandter Fische. Maximale Länge 15 cm. Die Art ist gut im Aquarium zu halten.

31 ▲ 32 ▶

33 ▲ 34 ▼

31. *Chaetodon melanotus* Jugendform 5 cm, Aquariumaufnahme.

32. *Chaetodon melanotus* Ausgewachsen 12,5 cm, UW-Aufnahme im Australischen Barriere-Riff

33. *Chaetodon melanotus* Jugendform 6 cm, Aquariumaufnahme.

34. *Chaetodon melanotus* Ausgewachsen (in Schreck- oder Nachtfärbung). Deutlich treten dabei zwei weiße Flecken auf der sonst dunklen Rückenpartie auf.

Chaetodon melanotus im Riff

Chaetodon mertensi CUVIER 1831

Mertens Falterfisch, Winkel-Orangenfalter

Die Art ist eng verwandt mit *Ch. xanthurus* von den Philippinen. Sie bevorzugt Tiefen zwischen 15 und 20 m und steile Abfälle der Riffkante. Jungtiere bilden Schulen, ausgewachsene Exemplare leben allein, nur selten paarweise. Maximale Länge 13 cm. Der sehr scheue Fisch ist nur selten zu beobachten. Vorkommen: Sowohl am Großen Barriere-Riff als auch in den Gewässern um Neuguinea, nach Westen bis zu den Tuamotu-Inseln, nach Osten bis Afrika. Im Roten Meer lebt die nah verwandte Art *C. paucifasciatus.* Im Aquarium sind alle drei Arten recht gut zu halten; sie lieben pflanzenreiche Kost.

35.
Chaetodon mertensi
Ausgewachsen 10 cm. UW-Aufnahme im Australischen Barriere-Riff. Vielfach wird diese Art fälschlich auch *Ch. chrysurus* bezeichnet.

Zum Vergleich:

Chaetodon paucifasciatus (AHL)
Rotmeer-Orangenfalter
Chaetodon xanthurus BLEEKER
Gitter-Orangenfalter
Diese Arten bzw. Unterarten sollen in Band 2 ausführlicher behandelt werden.

36.
Sehr ähnlich gefärbt ist *Chaetodon paucifasciatus.* Die Art kommt lediglich im Roten Meer vor. Das Tier auf der Aquariumaufnahme ist 9 cm lang.

37.
Nördlich von Neuguinea, also außerhalb der von diesem Buch komplett erfaßten Arten, kommt der ebenfalls ähnliche *Chaetodon xanthurus* (Gitter-Orange-Falterfisch) vor. Diese Art zeichnet sich nach erfolgter Eingewöhnung besonders durch gute Haltbarkeit im Aquarium aus.

◄ 35 36 ▲ 37 ▼

Chaetodon meyeri BLOCH und SCHNEIDER 1801

Meyers Falterfisch, Gebänderter Falterfisch

Meine Abbildung zeigt das erste Exemplar von *Ch. meyeri,* das in Australien beobachtet wurde. Das Foto wurde 1973 an der Außenseite des Flynn-Riffs oberhalb Cairns in einer Tiefe von 10 m aufgenommen. Der Fisch hielt sich zwischen dichten Korallen auf und ließ sich beim „Abweiden" nicht stören, als ich mich ihm näherte. Der Gebänderte Falterfisch wurde auch in den Gewässern um Heron-Island, Queensland und Exmouth, West-Australien, gefunden. Er bewohnt außerdem weite Gebiete des Indo-Pazifik, von Ostafrika bis Hawaii. Das juvenile Farbkleid entspricht dem von *Ch. ornatissimus,* nur daß dieser Fisch eine goldene statt einer schwarzen Zeichnung aufweist. Bei adulten Exemplaren erscheinen die feinen Zeichnungen am Kopf und auf dem Rücken. Maximale Länge ca. 20 cm. Die Haltung im Aquarium gilt als äußerst schwierig, weil dieser Gaukler sich fast ausschließlich von Korallenpolypen ernährt. Deshalb wird er auch sehr selten importiert.

38 ▲ 39 ▼

38.
Chaetodon meyeri
Jugendform 4,5 cm,
Aquariumaufnahme.

39.
Chaetodon meyeri
Ausgewachsen
15 cm. UW-Aufnahme im Australischen Barriere-Riff.

Chaetodon octofasciatus BLOCH 1787
Achtbinden-Falterfisch

40 ▲ 41 ▼

Eine häufige Art um Neuguinea, die in flachen, geschützten Küstengewässern lebt. Um Australien wurde sie bisher nicht gefunden. Dagegen ist sie auch an der ostafrikanischen Küste, den Seychellen und im Osten um die Philippinen bis hin zu den Fidji-Inseln beobachtet worden. Adulte Fische bilden Paare oder kleine Schulen. Jungtiere leben allein oder in kleinen Gruppen unter großen Korallen, die ihnen Schutz gewähren können. Das Farbkleid ändert sich nicht. Korallen und Algen werden abgeweidet. Die schwierige Haltung dieser Korallenpolypen-Fresser im Aquarium verbietet einen großen Beliebtheitsgrad. Vorübergehende Ernährung mit Artemia ist möglich.

40.
Chaetodon octofasciatus
Jugendform 5 cm. Aquariumaufnahme. Die gelbe Färbung der Adultform tritt erst bei einer Länge von ca. 8 cm auf.

41.
Chaetodon octofasciatus
Paar dieser sehr markant gezeichneten Art. Erwachsen ca. 10 cm. UW-Aufnahme.

Chaetodon ornatissimus CUVIER 1831
Orangestreifen-Falterfisch

Wie schon die englische Bezeichnung „Ornate Butterflyfish“ andeutet, ist der Orangestreifen-Falterfisch wohl einer der prächtigsten unter den Gauklern. Er lebt im Gebiet um Queensland und Neuguinea an der Außenseite der Riffe, wo er Gebiete mit geringem Wellengang bei einer Tiefe bis zu 15 m bevorzugt. Außerdem sind Vorkommen bis Hawaii bekannt. Im allgemeinen scheu. Jungfische sieht man selten, ausgewachsene Exemplare nur in kleinen Gruppen. In Neuguinea hat man Einzelgänger in Gesellschaft mit *Ch. meyeri* beobachten können. Der Fisch wird bis zu 18 cm lang. Ebenso wie die der letztgenannten Art ist die Pflege von *Ch. ornatissimus* im Aquarium als äußerst schwierig zu bezeichnen. Importierte Exemplare überleben selten mehr als die ersten acht Wochen Gefangenschaft, weil man die echte Naturnahrung in Form von speziellen Korallenpolypen einfach nicht bieten kann. Auch der Raumbedarf (oder Wandertrieb?) kann im Aquarium nicht befriedigt werden.

42 ▲ 43 ▼

42. *Chaetodon ornatissimus* Jungtier 4,5 cm. Die Diagonalstreifen sind hier viel dunkler gefärbt als bei ausgewachsenen Tieren.

43. *Chaetodon ornatissimus* Ausgewachsen 18 cm, UW-Aufnahme.

Chaetodon pelewensis KNER 1868
Punkt-Diagonalstreifen-Falterfisch

Diese Art kommt häufig am Großen Barriere-Riff vor, besonders in der Nähe der Lizard-Insel, nördliches Queensland. Sie lebt an der äußeren Riffseite in Tiefen von einem bis zu 30 m. Eng verwandt mit *Ch. punctatofasciatus,* kann man beide oft als „gemischte Paare" zusammen sehen, vor allem im nördlichen Abschnitt dieses Gebietes. Die Art wurde außerdem außerhalb Rabaul sowie nördlich von Neusüdwales beobachtet. *Ch. pelewensis* erreicht eine Länge von 13 cm. Es ist ein scheuer Fisch. Man kann ihn dennoch einigermaßen häufig beim „Abweiden" von Korallen beobachten. Das Muster seiner auf dem Rücken durchlaufenden Streifen variiert. Es sind einige Unterarten beschrieben worden, deren Status jedoch nicht gesichert erscheint, wie die (wahrscheinliche) Kreuzung auf S. 37 verdeutlicht. Die Aquarienhaltung ist verhältnismäßig einfach, da die Ernährung keine Schwierigkeiten bereitet.

44.
Chaetodon pelewensis
Ausgewachsen 10 cm. UW-Aufnahme an der Küste Neuguineas.

Chaetodon plebeius — CUVIER 1831
Blaupunkt-Falterfisch

Dieser Fisch ist überall am Großen Barriere-Riff zuhause, in West-Australien genauso wie in Neuguinea. Er erweist sich nicht als anspruchsvoll, was seinen Lebensraum betrifft, bevorzugt jedoch Riffe in Küstennähe, wo er sich in einer Tiefe bis zu 10 m aufhält. Ausgewachsene Tiere leben paarweise. Sie sind leicht zu fangen. Auf ungewohnte Situationen reagieren sie allerdings sehr empfindlich. So kann es z. B. in Lagunen geschehen, daß bei Ebbe einzelne Exemplare panikartig auf Land geraten und regelrecht stranden. Die Ernährung in Gefangenschaft ist fast nur mit Lebendfutter möglich (Artemia). Man hat mehrfach beobachtet, daß diese kleine Chaetodontenart andere Aquarieninsassen von Parasiten säubert.

45 ▲ 46 ▼

45.
Chaetodon plebeius
Jugendform 5 cm. Hier fehlt der ausgeprägte blaue Rückenfleck noch. Aquariumaufnahme.

Der Blaupunkt-Falterfisch stellt hohe Anforderungen an die Wasserqualität. Nur nitratfreie, möglichst algenbewachsene Becken garantieren eine längere Lebensdauer.

46.
Chaetodon plebeius
Ausgewachsen 10 cm. UW-Aufnahme im Australischen Barriere-Riff. Die Art wird selten größer als 13 cm. Sie ist in allen Korallenmeeren (außer Karibik) zu Hause.

Chaetodon punctatofasciatus CUVIER 1831
Punktstreifen-Falterfisch

Eng verwandt mit *Ch. pelewensis*, findet man diese beiden Arten oft zusammen. *Ch. punctatofasciatus* bewohnt das Chinesische Meer von Japan über Taiwan, die Philippinen und den indonesischen Raum bis hin zum Barriere-Riff. Von den Philippinen erfolgt der Export nach Europa und den USA. Die Pflege im Aquarium ist überraschend einfach, da kaum Futterprobleme entstehen; Flockenfutter wird gern genommen.

47.
Chaetodon punctatofasciatus
Ausgewachsen 9 cm. UW-Aufnahme im Riff. Diese Art wird leider sehr selten in Europa eingeführt.

Chaetodon punctatofasciatus x pelewensis Hybride

In den nördlichen Gebieten des Großen Barriere-Riffs kann man auf Einzelgänger treffen, die weder die Zeichnung des *Ch. punctatofasciatus* noch die des *Ch. pelewensis* aufweisen. Mit Sicherheit sind sie nah verwandt, möglicherweise handelt es sich um Kreuzungen zwischen den vorerwähnten Arten. Auch aus Neu-Britannien liegen ähnliche Beobachtungen vor.

48.
Chaetodon punctatofasciatus x Chaetodon pelewensis?
Die sehr seltene Kreuzung ist vielleicht auch dadurch entstanden, daß sich Sperma der einen Art mit den Eiern der anderen Art mischen konnte, denn beide Arten kommen ja dicht nebeneinander vor. Diese UW-Aufnahme ist von höchstem Seltenheitswert. Das Bild zeigt ein Tier von 10 cm Länge.

49.
Chaetodon punctatofasciatus
Ausgewachsen 8 cm.
Aquariumaufnahme.

48 ▲

49 ▼

Chaetodon rafflesi BENNETT 1830

Großschuppen-Falterfisch

Es handelt sich um eine großschuppige Art, die in den Gewässern um Rabaul häufig anzutreffen ist. Gelegentlich konnte sie auch am Großen Barriere-Riff beobachtet werden. Sie bewohnt den gesamten Südseeraum bis Tahiti. Der Großschuppen-Falterfisch wird bis zu 15 cm lang. Bevorzugter Lebensraum sind geschützte Stellen an der inneren Riffseite in Tiefen bis 10 m. Die auffallende Färbung besteht aus der gelben Grundfarbe in Verein mit den dunkleren, netzartig wirkenden Schuppenrändern, die dem Fisch seinen Namen gaben. Die Art wird gelegentlich von den Philippinen nach USA exportiert. Die Fische sind sehr wählerisch im Futter: Algensteine und mit Futterbrei bestrichene und dann luftgetrocknete Steine anbieten! Bevorzugte Nahrung im Aquarium sind Enchyträen.

50 ▲

51 ▼

50.
Chaetodon rafflesi
Halb ausgewachsen
6,5 cm,
Aquariumaufnahme.

51.
Chaetodon rafflesi
Ausgewachsen
14 cm,
UW-Aufnahme.

Chaetodon rainfordi McCULLOCH 1923
Doppelband-Falterfisch

Diese 15 cm lang werdende Art ist ausschließlich am Großen Barriere-Riff, um die Lord Howe-Insel und die nahe gelegenen Küstengewässer in einer Tiefe bis zu 10 m anzutreffen, häufig entweder allein oder paarweise. Der Fisch ist nicht scheu, man kann sich ihm ohne Schwierigkeiten nähern. Er bevorzugt Stellen mit geringem Korallenwuchs und lebt größtenteils von Algen. In die USA wurden bisher wenige Exemplare importiert. Nach Europa gelangten die Tiere meines Wissens bisher nicht. Die Pflege ist nur in gut mit Grünalgen bewachsenen Aquarien möglich. Am ehesten werden neben guter Algennahrung Enchyträen und ausgewachsene lebende Artemien genommen.

52.
Chaetodon rainfordi
Ausgewachsen
13 cm,
UW-Aufnahme.

53.
Chaetodon rainfordi
Jugendform
ca. 3 cm,
Aquariumaufnahme.

54.
Chaetodon rainfordi
7,5 cm,
Aquariumaufnahme.

52 ▲

53 ▼

54 ▼

Chaetodon reticulatus CUVIER 1831
Perlen-Falterfisch

Hier haben wir es mit einer seltenen Art zu tun, die die äußeren Riffabfälle des Großen Barriere-Riffs in einer Tiefe zwischen 2 und 30 m bewohnt. Außerdem findet sich *Ch. reticulatus* im Pazifischen Ozean bis Hawaii. Um Tahiti ist er einigermaßen häufig. Ungewöhnlich ist, daß sich Taucher dem Perlen-Falterfisch ohne Schwierigkeiten nähern können. In tiefen, abgelegenen Riffen sowie an Stellen mit reichem Korallenwuchs konnten kleine Gruppen beobachtet werden. Der leuchtende, orange-rötliche Fleck an der Basis der weichen Afterflosse erscheint erst bei ausgewachsenen, ca. 15 cm langen Exemplaren. Exporte nach den USA von Hawaii sind selten; nach Europa gelangt die Art wegen des langen Transportweges kaum. Die Ernährung im Aquarium bereitet Schwierigkeiten, so daß sich nur ein erfahrener Pfleger an diese Art heranwagen darf. Abwechslungsreiches Lebendfutter und ein großes Algenbecken werden empfohlen.

55. *Chaetodon reticulatus* Ausgewachsen 12,5 cm, UW-Aufnahme

56. *Chaetodon reticulatus* Ausgewachsen, UW-Aufnahme im Australischen Barriere-Riff. Die Art ist dem Falterfisch *Chaetodon collare* recht ähnlich. *Ch. collare* aus dem Indischen Ozean und Roten Meer wird häufig bei uns importiert und läßt sich auch einigermaßen gut im Aquarium vom erfahrenen Pfleger halten (s. Band 2).

55 ▼ 56 ▶

Chaetodon reticulatus im Riff

Chaetodon selene BLEEKER 1853
Goldtupfen-Falterfisch

57.
Chaetodon selene
Ausgewachsen 10 cm.

Von dieser seltenen Art liegen uns lediglich Beobachtungsberichte aus West-Neuguinea vor. Dem Autor ist es bisher – trotz einer ausgedehnten Tauchreise in dieses Gebiet – nicht gelungen, den Goldtupfen-Falterfisch zu sehen. Die hier gemachten Angaben stützen sich auf Unterlagen aus der wissenschaftlichen Literatur. Nach ALLEN kommt die Art um die Molukken in Korallenriffen ab 20 m Tiefe vor. Das Foto zeigt *Ch. selene* aus den Gewässern um die Ambon-Insel, Indonesien. Die Aufnahme verdanke ich Dr. G. ALLEN. Die Zeichnung stammt aus BLEEKERS Atlas der Niederländisch-Indonesischen Fische. Über die Pflege in Aquarien ist nichts bekannt.

Chaetodon semeion BLEEKER 1855
Graupunkt-Falterfisch

Dies ist eine andere, wenig bekannte Art, die im Großen Barriere-Riff und in den Gewässern um Neuguinea beobachtet werden konnte. Ausgewachsene Tiere mit einer Länge von ca. 26 cm wurden in der Nähe von Rabaul, Neu-Britannien, festgestellt.
Um Sri Lanka ist diese Art sehr selten.
Beim Graupunkt-Falterfisch sind die weichen Rückenflossenstrahlen faserartig ausgezogen, ein Charakteristikum, dem wir auch bei *Ch. auriga* und *Ch. ephippium* begegnen. Während des Wachstumsprozesses verliert sich der schwarze Längsstreifen beiderseits des Kopfes, bis lediglich ein grauer Fleck oberhalb der Augenhöhe zurückbleibt. Die Bauchpartie tritt bei den Weibchen ungewöhnlich stark hervor. Die Art wird ebenso wie *Ch. selene* nur selten in die USA oder nach Europa exportiert.

58.
Chaetodon semeion
Halb erwachsen ca. 12 cm, Aquariumaufnahme.

Chaetodon speculum CUVIER 1831
Malayischer Einfleckfalterfisch

Der Fisch ist in den nördlichen Ausläufern des Großen Barriere-Riffs ebenso wie um Neuguinea und West-Australien häufig anzutreffen. Der Malayische Einfleckfalterfisch wird bis zu 15 cm lang. Seine juvenile Ausfärbung behält er bis ins adulte Stadium. Er ist im allgemeinen ein Einzelgänger; man kann ihn sowohl in seichten Lagunen als auch an äußeren Riffkanten in Tiefen bis zu 10 m antreffen. Sobald man sich ihm allerdings nähert, zieht er sich scheu in ein Versteck zurück. Die Art könnte mit *Ch. unimaculatus* verwechselt werden, ist jedoch intensiver gelb und besitzt den senkrechten schwarzen Saum nicht, s. Fotos S. 51, der Rücken- und Afterflosse verbindet. *Ch. speculum* wird gelegentlich von den Philippinen in die USA exportiert. In Europa wird er sehr selten gepflegt, soll jedoch im Aquarium ganz gut haltbar sein, etwa wie *Ch. kleini.*

59.
Chaetodon speculum
Halb erwachsen
7 cm,
Aquariumaufnahme.

60.
Chaetodon speculum
Halb erwachsen
8 cm, UW-Aufnahme

59 ▼ 60 ▶

Chaetodon tricinctus WAITE 1901
Dreiband-Falterfisch

Der Dreiband-Falterfisch wird nur bei der Lord Howe-Insel und den Norfolk-Inseln angetroffen. In den korallenreichen Lagunen um die Lord Howe-Insel ist er der am häufigsten zu findende Gaukler. Einzelgänger wurden außerhalb der Lagune in Tiefen bis zu 10 m beobachtet. Im allgemeinen lebt diese Art in kleinen Schulen oder paarweise zusammen. Die Tiere erreichen eine maximale Länge von 18 cm; sie ändern ihre Ausfärbung nicht. Wie fast alle Fische aus dem Barriere-Riff selten oder nie exportiert, ist diese Art den amerikanischen und europäischen Aquarium-Liebhabern ganz und gar unbekannt geblieben. Es wäre deshalb wünschenswert, wenn australische Liebhaber über ihre Erfahrungen mehr berichten könnten.

61

61.
Chaetodon tricinctus
Ausgewachsen ca. 15 cm, UW-Aufnahme.

Fotos Seite 47:

62.
Chaetodon trifascialis
Jugendform; mit schwarzem Band am Körperende und gelber Schwanzflosse; ca. 3,5 cm.

63.
Jugendform 7,5 cm. Die Schwanzflosse beginnt sich bereits umzufärben.

64.
Halb erwachsen; ca. 10 cm.

65.
Ausgewachsen; in Schreck- bzw. Nachtfärbung.

Chaetodon trifascialis QUOY und GAIMARD 1824
Sparrenfalterfisch

Früher wurde diese Art als *Megaprotodon strigangulus* oder *Ch. triangularis* bezeichnet. Beim mit einer Länge von 18 cm völlig ausgewachsenen Exemplar läuft die Rückenflosse spitz zu. Der hintere schwarze Längsstreifen – charakteristisch für Jungfische – verliert sich. Der Fisch hält sich gewöhnlich in einer Tiefe zwischen 2 und 5 m auf. Er ist im Großen Barriere-Riff und in den Gewässern um Neuguinea häufig anzutreffen; ebenso wurde er im westlichen Teil Australiens beobachtet, kommt aber im gesamten indopazifischen Raum vor, vom Roten Meer bis Hawaii. In einer wissenschaftlichen Arbeit beschreibt Dr. E. S. REESE in der „Copeia“, daß diese Art Reviere bildet, vorzugsweise über großen tellerartigen *Acropora*-Korallenköpfen. Männchen und Weibchen leben in getrennten Revieren, die jedoch nebeneinander liegen können. Bei ihren Experimenten mit Sperrholz-Modellen stellten EHRLICH, TALBOT, RUSSELL und ANDERSON fest, daß die Reaktion gegenüber Eindringlingen äußerst heftig ist. Ein Exemplar griff das Modell eines Augenfleck-Falterfisches so ungestüm an, daß es dabei Schuppen verlor. Augenfällig ist die völlig andere Zeichnung bei Nacht und in Schrecksituationen. Die Haltung im Aquarium gelingt selten, da die Art auf bestimmte Korallenpolypen *(Acropora)* spezialisiert ist. Wegen ihrer Häufigkeit wird sie jedoch öfter importiert.

62 ▲

63 ▼

65

64

Chaetodon trifasciatus PARK 1797

Rippelstreifen-Falterfisch, Rotsaum-Falterfisch

66.
Chaetodon trifasciatus
Jugendform 5 cm mit tropfenförmigem Augenfleck oberhalb der Schwanzwurzel. Aquariumaufnahme.

67.
Chaetodon trifasciatus
Ausgewachsenes Paar im Australischen Barriere-Riff 13 cm, UW-Aufnahme.

66 ▲ 67 ▼

Der Rotsaum-Falterfisch ist eine häufige Art, die u. a. geschützte Korallenriffe um Queensland und Neuguinea bewohnt. Es werden flache, seichte Gewässer bevorzugt. Die Art ist im gesamten Indo-Pazifik verbreitet. Unterarten gibt es im Roten Meer und im Arabischen Golf sowie wahrscheinlich um Mauritius. Darüber wird in Band 2 berichtet. Man nimmt an, daß die unterschiedliche Färbung der Afterflossenstrahlen (rosa oder rot) ein Geschlechtsmerkmal ist. Ausgewachsene Exemplare erreichen eine Länge von etwa 15 cm. Dr. E. S. REESE zufolge leben *Ch. trifasciatus* gewöhnlich paarweise; sie sind nicht wie andere Gauklerfische reviergebunden, sondern wechseln über weite Teile des Riffs, wobei sie allerdings die Gesellschaft anderer Paare sorgfältig meiden. Die Pflege im Aquarium ist äußerst schwierig, da die Fische in der Natur nur Korallenpolypen fressen. Bei einem Fischimporteur wurden jedoch schon Jungtiere beobachtet, die willig an Mysis, Artemia und Tubifex gingen. Offenbar hängen die Nahrungsgewohnheiten auch von der Fangstelle und selbstverständlich von der Kondition nach dem Transport ab. Man sollte keine Tiere über 10 cm Länge erwerben, da diese sich nicht mehr umstellen können. Die Futteraufnahme beim Händler ist für den Erwerb Vorbedingung.

68.
Eine künstlerische Aquariumaufnahme dieser wohl farbenprächtigsten Art der Falterfische.

Chaetodon ulietensis CUVIER 1831
Pazifischer Doppelsattel-Falterfisch

Man kann das Vorkommen nicht gerade als häufig bezeichnen, trifft die Art jedoch in allen Gewässern Queenslands, Nordwest-Australiens und Neuguineas an. Sie lebt allein oder paarweise in einer Tiefe zwischen 5 und 10 m, wobei sie Gebiete mit eisenhaltigen Korallen und starken Strömungen vorzieht. Ein ausgewachsenes Exemplar wird ca. 15 cm groß. Um Tahiti und die Fidji-Inseln ist *Ch. ulietensis* in großen Schwärmen bis zu 40 Tieren anzutreffen. Im Gegensatz zu *Ch. falcula* aus dem Indischen Ozean wird *Ch. ulietensis* wenig importiert. Da die letztgenannte Art sehr gefräßig ist und nahezu jede Nahrung annimmt, was man als Taucher bei Unterwasserfütterung schnell feststellen kann, ist eine einfache Aquariumpflege anzunehmen.
Zum Vergleich: Chaetodon falcula
Indischer Doppelsattel-Falterfisch
Die Unterschiede sind leicht in der Zeichnung der Schwanzflosse und der Form der beiden Sattelflecken zu erkennen.

69 ▲

70 ▼

69.
Chaetodon ulietensis
Jugendform 3,5 cm, UW-Aufnahme.

70.
Chaetodon ulietensis
Ausgewachsen 12,5 cm, UW-Aufnahme im Barriere-Riff.

71. ▼

71.
Zum Vergleich:
Chaetodon falcula
Halb erwachsen 10 cm. Aquariumaufnahme.
Diese Art kommt nicht an den australischen Küsten vor.

Chaetodon unimaculatus BLOCH 1787
Tränentropfen-Falterfisch

Diese prachtvoll gefärbte Art wird bis zu 23 cm lang. Sehr oft entwickeln ausgewachsene Exemplare eine Deformation des Mauls, wie sie aus dem großen Foto zu ersehen ist. Der Tränentropfen-Falterfisch lebt in Gruppen von drei und mehr Exemplaren. Er ist scheu und nur selten zu beobachten. Gewöhnlich findet man ihn in einem Tiefenbereich zwischen einem und 15 m. Er liebt reichen Korallenbewuchs. Zum Vorkommen zählen folgende Gebiete: Gesamter Indo-Pazifik vom Roten Meer bis um Hawaii, Neuguinea und Queensland sowie die Nordküste von Neusüdwales. Nach Dr. E. REESE stellte sich bei Untersuchungen des Mageninhalts heraus, daß diese Art außer Stein- und Weichkorallen auch Schwammteile, Fadenalgen und Überreste von Borstenwürmern frißt.

72 ▲ 73 ▼

72.
Chaetodon unimaculatus
Jugendform 9 cm. Aquariumaufnahme. Deutlich kann man noch den tränentropfenförmigen Augenfleck erkennen, dessen unterer Teil beim ausgewachsenen Tier gänzlich verblaßt.

73.
Chaetodon unimaculatus
Ausgewachsen 20 cm. Aufnahme im Green-Island-Aquarium.

Die Haltung im Aquarium ist besonders bei Tieren unter 10 cm Länge gut möglich. An Futter wird so ziemlich alles genommen, was der Aquarianer bieten kann.

Chaetodon vagabundus LINNAEUS 1758
Vagabund, Schwarzrand-Falterfisch

Im gesamten indopazifischen Raum einer der häufigsten Chaetodonten. Ist deshalb auch häufig um Queensland und Neuguinea zu sehen. Gelegentlich ist die Art auch an der Küste von Neusüdwales bis nach Sydney beobachtet worden. Ausgewachsene Exemplare erreichen eine Länge von ca. 18 cm. Der Vagabund lebt sowohl in Schulen als auch paarweise oder allein. Er kann sich den unterschiedlichsten Umgebungen leicht anpassen. So kommt er auch in küstennahen Riffgebieten mit Süßwasserzufluß vor. Der Fisch hält sich oft nahe der Wasseroberfläche auf und ist nicht scheu. Man kann sich ihm leicht nähern. Wenn er z. B. von einem Taucher überrascht wird, verteidigt er sein Revier, statt sich zu verstecken. Ernährung hauptsächlich von Korallenpolypen und Algen.

Im Aquarium ist die Pflege bei guter Wasserqualität und häufigem Wasserwechsel von der Futterseite her unproblematisch. Flockenfutter wird schnell aus der Hand genommen; viele Tiere werden nach kurzer Zeit zahm. Er ist der Anfänger-Falterfisch schlechthin, aber Sorgfalt ist dennoch geboten; so heikel wie ein Diskus ist jeder Falterfisch allemal. Die nahe verwandte Art *Ch. pictus* aus Ceylon wird in Band 2 vorgestellt.

74.
Chaetodon vagabundus
Jugendform 2,5 cm mit noch deutlich sichtbarem Augenfleck am Rückenflossenende.
UW-Aufnahme.

75.
Chaetodon vagabundus
Jungtier 5 cm,
Aquariumaufnahme.

76.
Chaetodon vagabundus
Ausgewachsen 15 cm,
UW-Aufnahme.

74 ▲ 75 ▼ 76 ▶

Chaetodon species

Adiergastos Hybride (Bild 77)
Vor einiger Zeit wurde ein Exemplar dieses Fisches in den Gewässern um Northwest Cape im westlichen Australien gefangen. Unsere Abbildung zeigt ein Jungtier, das charakteristische Farbmerkmale sowohl von *Ch. auriga* als auch von *Ch. adiergastos* aufweist. Mit großer Wahrscheinlichkeit handelt es sich um eine Kreuzung zwischen diesen beiden Arten. Das abgebildete Tier ist 9 cm lang.
Raffle's Hybride (Bilder 78/79)
Dieser Fisch wurde im April 1975 im Großen Barriere-Riff oberhalb von Cairns gefangen. Farbe und Zeichnung verweisen auf *Ch. rafflesi, Ch. pelewensis* und *Ch. vagabundus.* Wiederum scheint es sich um eine Kreuzung zu handeln. Die richtige Bestimmung ist wahrscheinlich erst dann möglich, wenn es gelingt, die Arten unter Kontrolle im Aquarium zu kreuzen, so wie das bei Süßwasserfischen möglich ist. Die Aufnahmen zeigen ein über 6 Monate im Aquarium gehaltenes Exemplar von 4 cm (links unten) und 6 cm Länge (rechts unten).

77 ▲

78 ▼

79 ▼

Green Island im Barriere-Riff

Die Luftaufnahme zeigt das Unterwasser-Observatorium und die Insel, auf der sich ein interessantes öffentliches Schauaquarium befindet.

Gattung
Chelmon

Gebänderte Pinzettfische

Chelmon rostratus

Chelmon marginalis RICHARDSON 1842
Vierbinden-Pinzettfisch

Bemerkenswert ist die große Ähnlichkeit mit *Ch. rostratus* (S. 58). Bei ausgewachsenen Exemplaren fehlt jedoch die mittlere Querbinde, außerdem bestehen noch andere farbliche Abweichungen. Die Art findet sich nur um West-Australien, dem Australischen Northern Territory und den Gewässern um die Inselgruppe im nördlichen Teil des Großen Barriere-Riffs. Der Vierbinden-Pinzettfisch lebt allein oder paarweise in Tiefen bis zu 30 m. In nordamerikanischen oder europäischen Aquarien ist diese Art wohl noch nie gepflegt worden. Die Haltung dürfte gleich schwer sein wie bei *Chelmon rostratus*.

81

Chelmon mülleri (KLUNZINGER 1879)
Müllers Pinzettfisch

Nur an küstennahen Riffen und den Meeresarmen Queenslands ist diese Art zu finden. Sie zieht schlammige, mit Algen bedeckte Böden lebenden Korallenriffen vor. Ausgewachsene Exemplare leben gewöhnlich paarweise. Die Fische erreichen eine maximale Länge von 20 cm. Eng verwandt sind sie mit *Chelmon rostratus;* beide Arten leben oft in den gleichen Gebieten zusammen. Das Maul ist um einiges kürzer als bei *Chelmon rostratus;* während des Wachstumsprozesses entwickelt sich oberhalb der Stirn ein auffälliger Auswuchs (ähnlich wie bei *Heniochus varius*). Leider ist die Art noch nie in nordamerikanischen oder europäischen Aquarien gehalten worden. Das Vorkommen neben *Chelmon rostratus* läßt auf spezifische Nahrungsgewohnheiten schließen.

82 ▲

83 ▼

82.
Chelmon mülleri
Jugendform 3,5 cm,
UW-Aufnahme.

83.
Chelmon mülleri
Ausgewachsen
15 cm,
UW-Aufnahme.

Chelmon rostratus (LINNAEUS 1758)
Gewöhnlicher Pinzettfisch, Segelpunkt-Pinzettfisch

Die verlängerte röhrenförmige Schnauze mit dem winzigen Mäulchen gibt den Pinzettfischen die Möglichkeit, Nahrung aus den schwer zugänglichen Stellen im Geklüft der Riffkorallen zu holen. Unter den Chaetodonten nehmen diese Fische schon aus diesem Grunde, aber auch wegen der neun Rückenflossenstacheln und der Zahl der Schuppen in Längsrichtung eine besondere Stellung ein. Der Gewöhnliche Pinzettfisch erreicht eine Gesamtlänge von 20 cm. Die Art ist weit verbreitet im Indischen und Pazifischen Ozean, ganz besonders umfaßt das Vorkommensgebiet küstennahe Gewässer einschließlich der Flußmündungen und der Korallenriffe um Neuguinea, Queensland, das Northern Territory und West-Australien. Die Fische sind in Tiefen bis zu 10 m zu finden.

Trotz der weiten Verbreitung ist die Art in der Natur selten anzutreffen, ist aber gleichwohl unter den Seewasser-Aquarianern sehr bekannt. Die Tiere sind streitbar; selten kann man mehr als ein Exemplar im Aquarium halten. Häufige Frischwasserzugaben verlängern die Lebensdauer. Die Ernährung bereitet Schwierigkeiten, da nur lebende Futtertiere (Enchyträen, Tubifex und winzige Mysis – gelegentlich auch tiefgefroren –) genommen werden.

84

84.
Chelmon rostratus
Ausgewachsen 17 cm, UW-Aufnahme im Australischen Barriere-Riff.

85.
Chelmon rostratus
Jugendform 3 cm, UW-Aufnahme.

▼ 85

Gattung: *Chelmonops*

Chelmonops howensis (WAITE 1903)
Lord Howe-Pinzettfisch

Wie der deutsche Name schon andeutet, ist diese Art in den Gewässern um die Lord Howe-Insel zu finden; gelegentlich kommt sie jedoch auch im nördlichen Neusüdwales und im südlichen Queensland vor. Der Lord Howe-Pinzettfisch bevorzugt Gebiete mit lebenden Korallen. Man kann sich ihm leicht nähern. Meist hält er sich in einer Tiefe von 10 bis 30 m auf, seltener im seichten Wasser. Er unterscheidet sich von den übrigen Chaetodonten durch eine abweichende Anzahl von Rückenflossenstrahlen und den geringfügig anderen Körperbau. Voll ausgewachsene Exemplare werden ca. 18 cm lang. Im Zuge der wissenschaftlichen Untersuchungen ist es übrigens nicht ausgeschlossen, daß die Art einmal einer anderen Gattung zugeordnet werden wird. Im Hinblick auf Pflege im Aquarium ist nichts bekannt, da der Fisch mit großer Wahrscheinlichkeit noch nie in die USA oder nach Europa exportiert wurde.

86.
Chelmonops howensis
Diese hervorragende UW-Aufnahme von dem seltenen Lord Howe-Pinzettfisch entstand in einer Wassertiefe von ca. 15 m. Das Tier ist ca. 15 cm lang.

86. ▼

Chelmonops truncatus (KNER 1859)
Schwarzbinden-Pinzettfisch, Talma

Der 26 cm lang werdende Talma ist ein weitverbreiteter Fisch in den Gewässern um das südliche Australien, besonders um Queensland, Neusüdwales, Victoria, aber auch in Süd- und West-Australien. Die Fische leben gewöhnlich paarweise in Tiefen bis zu 60 m. Ernährung von Algen und kleinen Wirbellosen. Die Gattung Chelmonops unterscheidet sich von der Gattung Chelmon durch eine höhere Anzahl der Rückenflossenstacheln (11), – Chelmon hat 9 –, durch die kürzere Schnauze und eine andere Zahnanordnung. AHL bezeichnet diese Gattung als Verbindung zwischen Chaetodon und Chelmon. Wie über die meisten anderen im australischen Bereich endemischen Fische ist auch über diese Art hinsichtlich der Pflege im Aquarium wenig bekannt geworden.

87 ▲ 88 ▼

87.
Chelmonops truncatus
Jugendform 4 cm mit noch deutlich ausgeprägtem Augenfleck. UW-Aufnahme.

88.
Chelmonops truncatus
Ausgewachsen 14 cm. UW-Aufnahme Lord Howe-Insel.
Der australische Fischbiologe C. Lee berichtet, daß die Art im Aquarium nicht schwierig zu halten sei. Es werden frische, kleingehackte Garnelen angenommen. Der Talma geht jedoch nicht ans Futter, wenn er mit aggressiven Fischen vergesellschaftet wird.

Gattung
Coradion

Novarafische

Coradion chrysozonus

Coradion altivelis McCULLOCH 1916
Hochflossen-Coradion

Einer der seltenen, fast unbekannten Falterfische. Man sieht ihn gelegentlich zwischen lebenden Korallen an der Küste Queenslands und in der Nähe der Inseln, die dem Großen Barriere-Riff vorgelagert sind, wie Pompey, Swain und Capricorn. Das Hauptvorkommensgebiet liegt (nach AHL) westlich von Sumatra bis östlich von Neuguinea. Oft kann man die Art zusammen mit *Coradion chrysozonus* finden. Die maximale Länge beträgt ca. 15 cm. Die Angehörigen der Gattung *Coradion* unterscheiden sich von der Gattung *Chaetodon* dadurch, daß sie weniger Rückenflossenstrahlen besitzen (8 bis 10 statt 11 bis 15). Über die aquaristische Eignung kann nichts berichtet werden.

89 ▼ 90 ▶

89.
Coradion altivelis
Jugendform 3 cm.
UW-Aufnahme.

90.
Coradion altivelis
Ausgewachsenes
Tier 15 cm.
UW-Aufnahme
im Barriere-Riff.

Coradion altivelis im Riff

Coradion chrysozonus
Novara-Coradion

Man trifft diese Art, allerdings nicht sehr häufig, an der Küste Queenslands, West-Australiens und Neuguineas an. Gewöhnlich werden Gebiete mit geringem Korallenbewuchs vorgezogen. In den Gewässern um Queensland geschieht es oft, daß sich die Art genau wie Parachaetodon ocellatus mit in den Schleppnetzen der Fischer findet. Am ehesten ist der Fisch bei der Frankland-Inselgruppe (nördliches Queensland) anzutreffen, kommt jedoch auch bis zu den Philippinen und – selten – bis zur Küste Chinas vor. Das Hauptvorkommensgebiet liegt um Java, wo die Art auch entstanden sein dürfte. Die Fische werden ca. 13 cm lang. Geschlechtsreife Weibchen fand man unter Exemplaren von 8,3 bis 13,3 cm Länge. Manchmal werden die Fische auf dem Manila-Fischmarkt angeboten. Über Exporte nach Europa oder den USA ist nichts bekannt. Der Hinweis auf den Fang in Netzen deutet auf eine Lebensweise im freieren Wasser hin. Möglicherweise ist die Art ähnlich *Hemitaurichthys* Planktonfresser und dürfte damit im Aquarium einigermaßen einfach zu ernähren sein. Siehe auch Abb. S. 61.

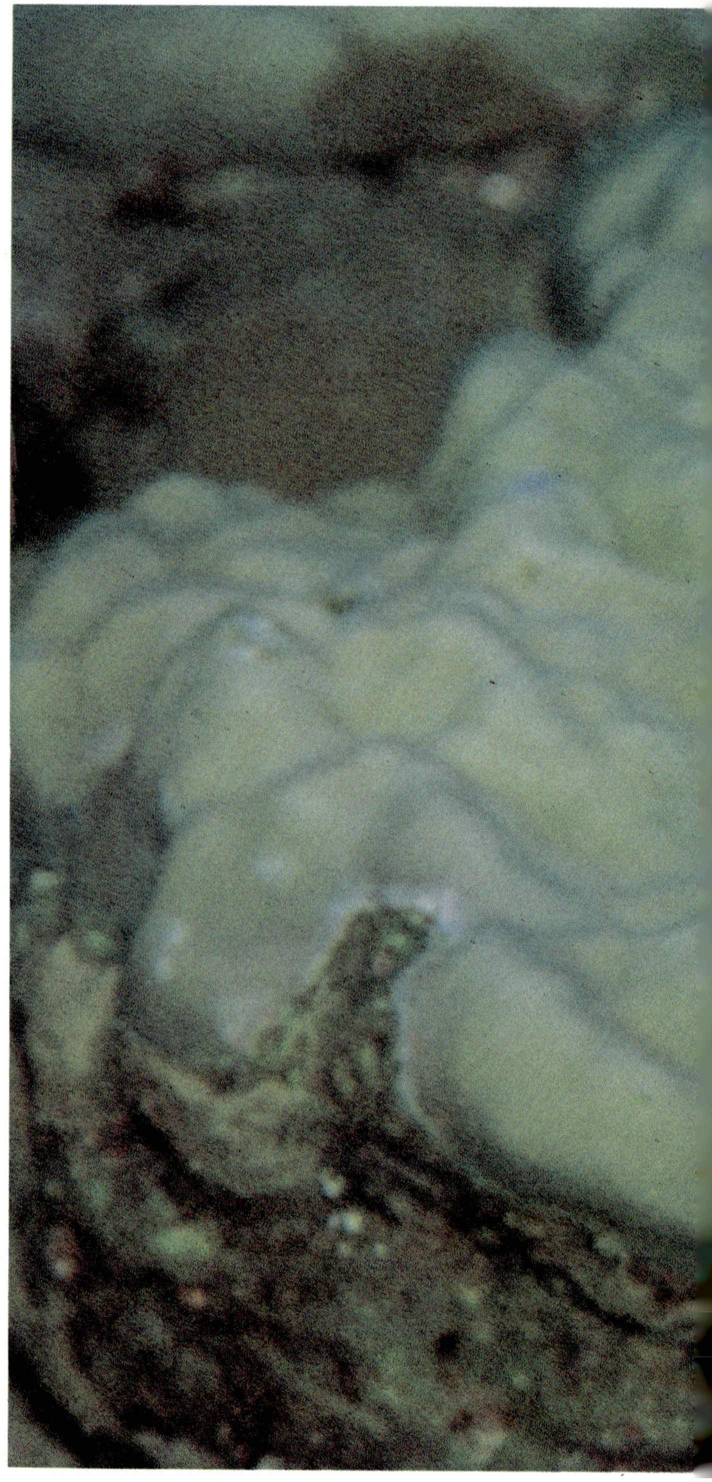

91.
Coradion chrysozonus
Ausgewachsen 15 cm. UW-Aufnahme im Australischen Barriere-Riff.

(KUHL und VAN HASSELT in CUVIER 1831)

Coradion melanopus (CUVIER 1831)
Zweiaugen-Coradion

92 ▲ 93 ▼

Um Australien hat man diese Art bisher nicht beobachten können, dagegen um Neuguinea und nordöstlich bis zu den Molukken. Aber auch dort ist sie nicht häufig vertreten. Bei Madang gelang es mir, in einer Tiefe von 20 m in einer geschützten Lagune mit geringem Korallenbewuchs den Zweiaugen-Coradion zu beobachten. Bei Rabaul, Neu-Britannien, wurde er in einem ungeschützten Außenriff in einer Tiefe von 30 m gesichtet. Der Fisch erreicht eine Länge von ca. 15 cm. Er ist ziemlich scheu. *Coradion melanopus* unterscheidet sich (nach AHL) von *Coradion chrysozonus* durch die weniger wulstigen Lippen und die längere Schnauze. Außerdem befindet sich ein zweiter Augenfleck in der Afterflosse, der selbst bei ausgewachsenen Tieren nicht verschwindet. Die hintere, meist dunkelgrau-braune Körperbinde ist beiderseits orange-gelb gesäumt.
Über die Haltung im Aquarium ist wenig bekannt. Importe nach USA erfolgten bereits, wie obenstehendes Foto beweist.

92.
Coradion melanopus
Halb erwachsen 9 cm, Aquariumaufnahme.

93.
Coradion melanopus
Ausgewachsen 13 cm. UW-Nachtaufnahme. Die Art unterscheidet sich von den vorgenannten durch den zusätzlichen Augenfleck in der Afterflosse.
Die Ernährung von Jungtieren mit Artemia und Mysis ist möglich; selbst Flockenfutter wird von einigen Tieren genommen. Eine häufige, jedoch sparsame Fütterung fünfmal am Tag ist für das gesunde Wachstum von Jungtieren Voraussetzung.

Gattung
Forcipiger

Masken-Pinzettfische

Forcipiger flavissimus

Forcipiger flavissimus JORDAN und McGREGOR 1898
Gelber Maskenpinzettfisch

94 ▲

95 ▼

Von allen Chaetodonten ist der Gelbe Maskenpinzettfisch am weitesten verbreitet. Man findet ihn im Roten Meer, an der Ostküste Afrikas, im Indo-Pazifik bis nach Niederkalifornien und an der Ostküste Zentral-Amerikas. Der Fisch bevölkert die äußeren Riffe des Großen Barriere-Riffs; auch liegen Meldungen aus dem westlichen Australien, aus Neusüdwales und von Neuguinea vor. Auch um Tahiti (Insel Moorea) ist er sehr häufig. *Forcipiger flavissimus* ist nahe verwandt mit *Forcipiger longirostris.* Beide Arten leben in Gesellschaft, wobei jedoch *F. flavissimus* überwiegt. Man kann die Tiere beobachten, wenn sie Korallen abweiden, was die ihnen eigene Schnauzenform besonders erleichtert. Gewöhnlicher Aufenthalt in Tiefen bis zu 30 m, dort, wo starker Korallenbewuchs vorherrscht. Die Fische treten einzeln oder in kleinen Trupps bis zu fünf Exemplaren auf. Die Haltung im Aquarium ist verhältnismäßig einfach. Gut eingewöhnte Tiere ohne Transportschäden fressen sogar Flockenfutter aus der Hand.

96 ▼

Forcipiger longirostris (BROUSSONET 1782)
Röhrenmaul-Pinzettfisch

Dem vorigen Fisch im Aussehen sehr ähnlich. Er unterscheidet sich von jenem lediglich durch eine noch längere, röhrenförmige Schnauze. Außerdem besitzt F. longirostris nur 10 bis 11 Rückenflossenstacheln statt der üblichen 12, wie sie F. flavissimus aufweist. Der Röhrenmaul-Pinzettfisch ist um Queensland und Neuguinea selten; bisher konnten hier nur wenige Exemplare beobachtet werden. Die Fische leben paarweise oder allein. Im Pazifik und an der Kona-Küste (Hawaii) gibt es eine Farbvariante, die tiefschwarz ist. Kürzlich wurden zwei solche schwarzen Exemplare auch in australischen Gewässern gesichtet. Die herrliche Aufnahme zeigt den Fisch in der klassischen Drohstellung in einem Korallengarten des Großen Barriere-Riffs. Wegen der Seltenheit nur wenig importiert. In der Nahrung anspruchsvoller als sein Vetter *F. flavissimus.* Haltung im Aquarium nicht empfehlenswert.

94.
Forcipiger flavissimus
Ausgewachsen
13 cm,
UW-Aufnahme.

95.
Forcipiger flavissimus
12 cm,
Aquariumaufnahme.

96.
Forcipiger flavissimus
Zur Verdeutlichung wurde der Fisch hier noch einmal mit dem kürzeren Maul und der sich tiefer öffnenden Maulspalte dargestellt. Der Abstand Auge-Maulspitze im Verhältnis zur Körperlänge ist im Vergleich zum Foto S. 69 mit *Forcipiger longirostris* deutlich zu sehen. Bei *F. flavissimus* beträgt er viermal die Körperlänge und bei *F. longirostris* nur ca. dreimal. Außerdem öffnet sich die Mäulchenspitze bei *F. longirostris* nicht so weit.

97.
Forcipiger longirostris
Ausgewachsen
18 cm. UW-Aufnahme
im Barriere-Riff.

97

Gattung: *Hemitaurichthys*

Hemitaurichthys polylepis (BLEEKER 1857)
Gelber Pyramiden-Falterfisch

Dieser prachtvolle, seltene Fisch ist bisher nur gelegentlich um Australien und Neuguinea aufgetaucht. Eine Reihe von Sandbänken im Großen Barriere-Riff, wie zum Beispiel Rain Island, Escape Reef und Jenny Louise beherbergen jedoch kleine Kolonien dieser Art. Ich konnte sie auch in der Nähe von Rabaul an Riffabfällen beobachten. Andere Berichte aus der Gegend der D'Entrecasteaux-Gruppe (Neuguinea) liegen ebenfalls vor. Das Verbreitungsgebiet reicht über den ganzen Pazifischen Ozean bis Hawaii. Eigentlich handelt es sich hier um einen Schwarmfisch, der sich vorzugsweise in geringen Tiefen zwischen 5 und 25 m aufhält. Dabei zieht er küstenferne Riffe vor. Seine Nahrung besteht aller Wahrscheinlichkeit nach zum größten Teil aus Plankton. Maximale Länge ca. 18 cm. Ein Kennzeichen, das ihn von den meisten Mitgliedern der Familie unterscheidet, ist die geringere Schuppenzahl (60 bis 65 in Längsrichtung). Die Ernährung im Aquarium bereitet keine Schwierigkeiten.

98 ▲ 99 ▼ 100 ▶

98.
Hemitaurichthys polylepis
Ausgewachsen 15 cm, UW-Aufnahme.

99.
Aquariumaufnahme eines Fisches gleicher Länge wie oben; die Schwarzfärbung des Kopfes ist verblaßt, was evtl. auf einen schlechten Gesundheitszustand des Tieres schließen läßt. Diese Hellerfärbung kann aber auch die Schreckfärbung sein; im Gegensatz zu anderen Fischarten, die in der Schreckfärbung oft dunkler werden, wird diese Art heller.
Man sollte wenigstens 3–5 Tiere in einem Becken mit nicht unter 300 Liter Wasserinhalt pflegen.
Die schwarz-weiße verwandte Art *Hemitaurichthys zoster* (Band 2) kommt nur im Indischen Ozean vor.

Ein herrlicher Schwarm von *Hemitaurichthys polylepis* im Australischen Barriere-Riff zusammen mit einigen *Chromis.* Deutlich kann man auf dem Bild sehen, daß alle Fische in der Natur die dunkle Kopfzeichnung aufweisen.

100.

Gattung
Heniochus

Wimpelfische

Heniochus acuminatus

Heniochus acuminatus (LINNAEUS 1758)
Gemeiner Wimpelfisch

Synonym: *Heniochus macrolepidotus.* Sechs Arten der Gattung *Heniochus* bewohnen das Gebiet, aus dem hauptsächlich in diesem Buch berichtet wird. H. acuminatus ist die bekannteste unter ihnen.
Der Fisch hält sich in Küstennähe und in den Riffen auf, manchmal kann man ihn auch bei Anlegeplätzen beobachten. Bei einer Länge von 20 cm hat ein ausgewachsenes Exemplar noch die gleiche Färbung wie als Jungtier, lediglich die Rückenflosse nimmt während der Wachstumsperiode an Länge zu. Man sieht die Fische allein oder paarweise, meist jedoch in kleinen Gruppen. Der Taucher kann sich ihnen leicht nähern. Die verlängerten Rückenflossenstrahlen und ein knochiger Auswuchs auf der Stirn machen es leicht, Wimpelfische von den anderen Chaetodonten zu unterscheiden. Wohngebiete: Meeresbereiche von Neusüdwales, Queensland, Northern Territory, West-Australien und Neuguinea sowie der gesamte Indo-Pazifik vom Roten Meer bis Hawaii.
Der Gemeine Wimpelfisch ist im Aquarium recht einfach zu pflegen, auch ist er nicht wählerisch in der Ernährung. Es wird nahezu jedes Futter genommen. Die Fische wachsen selbst bei ausschließlicher Fütterung mit Flockenfutter gut. Wenn der Wimpelfisch *Heniochus* nicht frißt, dann ist etwas mit ihm oder dem Becken nicht in Ordnung. Gegen medikamentöse Behandlung mit Kupferpräparaten nicht zu empfindlich. Man hält wenigstens drei Tiere in Becken ab 200 Liter.

Heniochus acuminatus Ausgewachsene Tiere von 15 cm Länge. UW-Aufnahme im Barriere-Riff.

▼ 101.

Heniochus chrysostomus CUVIER 1831
Pazifik-Wimpelfisch

Diese Art wird bis zu 15 cm lang. Sie wurde früher als *Heniochus permutatus* bezeichnet. Gewöhnlich lebt sie in Gebieten mit kräftigem Korallenwuchs in Tiefen bis zu 15 m. Sie ist allerdings nicht so häufig anzutreffen wie *H. acuminatus*. Oft sucht sie die Gesellschaft von H. varius, wie besonders am Großen Barriere-Riff zu beobachten ist. Jungfische sind im seichten Wasser zu finden, wo sie Korallen und Algen abweiden. Heimat: Meeresgebiete um Neuguinea, West-Australien, Queensland und Neusüdwales. Vom Indo-Australischen Archipel aus verbreitet sich die Art über den gesamten Pazifik bis Hawaii im Norden und dem Toamotu-Archipel (südöstlich Tahiti) im Süden.
Die Art wird selten im Aquarium gepflegt, was jedoch nicht auf Hälterungsschwierigkeiten, sondern auf mangelnden Import zurückzuführen ist.

102.
Heniochus chrysostomus
Ausgewachsen
15 cm,
UW-Aufnahme.
◄ 102

103.
Heniochus chrysostomus
Halb erwachsen
8 cm,
Aquariumaufnahme.
103 ▼

Heniochus diphreutes JORDAN 1903
Schwarm-Wimpelfisch

Dieser Fisch ähnelt *H. acuminatus,* besitzt jedoch einen zusätzlichen Rückenflossenstachel. Zumindest Jungtiere haben eine kürzere Schnauze, eine weiche Afterflosse und längere Brustflossen. Außerdem sind die Afterflossenstacheln weiß statt schwarz. Die Fische werden in unterschiedlich großen Gruppen in der mittleren Wasserregion angetroffen, während *H. acuminatus* meist als Einzelgänger, paarweise oder in kleineren Gruppen auftritt, die sich eng am Boden halten.

Vor einigen Jahren wurde diese Art noch als Varietät *H. acuminatus* bezeichnet. Eine wissenschaftliche Untersuchung von ALLEN und KUITER stellt jedoch ganz klar die Unterschiede zwischen beiden Arten heraus (z. Z. befindet sich diese Arbeit im Druck). Vorkommen: Neusüdwales, Japan, Hawaii, Rotes Meer. Haltung und Pflege wie bei *H. acuminatus.* Nach AHL ist *H. diphreutes* nicht einmal als Variante von *H. acuminatus* anzusehen.

104.
Heniochus diphreutes
Ausgewachsen
15 cm,
UW-Aufnahme.

104. ▼

Heniochus monoceros CUVIER 1831
Masken-Wimpelfisch

Diese Art behält während der gesamten Wachstumszeit die gleiche Färbung bei. Sie entwickelt jedoch – wie einige andere Mitglieder dieser Gattung – einen charakteristischen Auswuchs auf der Stirn. Länge 18 bis 23 cm. Bevorzugt werden Gebiete mit üppigem Korallenbewuchs. Vorkommen wurden im Großen Barriere-Riff, Neusüdwales und Rabaul festgestellt. Trotz der weiten Verbreitung von Mauritius bis zu den Gesellschaftsinseln (Tahiti) ist der Masken-Wimpelfisch in den Aquarien der Liebhaber nicht zu finden. Das mag daran liegen, daß die Art größer wird als andere Wimpelfische, zudem ist sie seltener und wohl auch empfindlicher.

105 ▲ 106 ▼

105.
Heniochus monoceros
Jungtier 4 cm,
UW-Aufnahme.

106.
Heniochus monoceros
Ausgewachsen
18 cm,
UW-Aufnahme
im Barriere-Riff.

Heniochus monoceros im Riff

Die kleineren Fische sind *Lutjanus kasmira* (Blaugestreifter Seebarsch)

Heniochus singularius — SMITH und RADCLIFFE 1911
Malayen-Wimpelfisch

Diese Art ist selten um Australien, auch um Neuguinea hat man nur bei Rabaul und Madang einige Exemplare beobachten können. Aus West-Australien liegt uns ein einziger Bericht vor. In den Gewässern um Stadbroke Island (bei Brisbane) und im Großen Barriere-Riff sind gelegentlich einige Exemplare gesehen worden. Lebensraum: Steile Riffabfälle in Tiefen von 10 bis 40 m. Voll ausgewachsene Tiere haben eine Länge von ca. 25 cm. Der Fisch wurde während der Albatros-Expedition im Gebiet der Philippinen entdeckt und später auch um Formosa und Südjapan gefunden. Über die Pflege im Aquarium können keine Angaben gemacht werden. Von den Philippinen wird der Fisch nur für größere Schauaquarien importiert.

108 ▲ 109 ▼

108. *Heniochus singularius* Jungtier 4 cm, Aquariumaufnahme.

109. *Heniochus singularius* Ausgewachsen 20 cm, UW-Aufnahme, Heron-Island.

Heniochus varius (CUVIER 1829)
Schwarzer Wimpelfisch, Seebulle

Der volkstümliche Name dieser Art (Seebulle) weist auf den Stirnauswuchs der Tiere und die „Hörner" hin, die sich beim ausgewachsenen Exemplar oberhalb der Augen bilden. Maximale Länge ca. 18 cm. Der Fisch läßt sich gut beobachten, da ein Taucher sich ihm leicht nähern kann. Bevorzugter Aufenthalt in Höhlen, meidet das offene Wasser. Meistens leben die Tiere paarweise zusammen; dagegen hatte ich beim Tauchen in der Nähe von Rabaul die Möglichkeit, eine Gruppe zu beobachten, die aus ca. 30 Exemplaren bestand. Normalerweise lebt der Schwarze Wimpelfisch in einer Tiefe zwischen 2 und 15 m. Bei Jungtieren fehlen Auswuchs und „Hörner" noch, dagegen besitzen ausgewachsene Exemplare deren wimpelartig ausgezogene Rückenflosse nicht mehr. Vorkommen: Östlich Borneo, um die Philippinen und in der Südsee bis Haiti. Von Manila aus wurden Exporte nach den USA durchgeführt. Im Aquarium ist *H. varius* etwas heikler als *H. acuminatus,* aber dennoch gut zu halten. Jungtiere benötigen sehr feine Nahrung, täglich 2- bis 3mal ausgewachsene Artemien, möglichst solche, deren Darmkanal noch mit Algen oder pulverisierten pflanzlichen Flockenfuttermitteln gefüllt ist. Auf diese Weise nimmt der Fisch die notwendigen Vitamingaben auf. Größere Tiere sind nicht so possierlich anzuschauen, weshalb man am besten Exemplare von 4 bis 6 cm Länge erwerben sollte. Leider gab es bisher nach Europa kaum Importe.

Heniochus varius
Ausgewachsen 18 cm, UW-Aufnahme.

▼ 110

Heniochus varius im Korallengarten eines Riffs

111 ▲ 112 ▼ 113 ▶

111./112.
Heniochus varius
Jungtiere 5 cm
und 10 cm.

113.
Jungtier 6 cm,
UW-Aufnahme
im Barriere-Riff.

Gattung
Parachaetodon

Segelfalterfische

Parachaetodon ocellatus

Parachaetodon ocellatus (CUVIER 1831)
Segelfalterfisch, Fünfbinden-Falterfisch

114 ▲

115 ▲

116 ▼

Von anderen Angehörigen dieser Familie unterscheidet sich der Segelfalterfisch durch die geringere Anzahl der Rückenflossenstachel. Fast alle Falter- oder Kaiserfische haben neun oder mehr Hartstrahlen, *P. ocellatus* dagegen nur sechs. Vorkommen: Meeresbereiche um Neusüdwales, Queensland, Northern Territory, West-Australien und westliches Neuguinea. Bevorzugt werden Riffe in Küstennähe mit schlammigem Boden. Das Verbreitungsgebiet erstreckt sich über die oben genannten Ortsangaben hinaus auf den östlichen Indischen Ozean (Küste Indiens und Sri Lankas) bis zum Westpazifik (Philippinen, Indonesien und Südchina). Maximale Länge 17 cm. Gelegentlich wird der Segelfalterfisch nach USA und Europa exportiert. Die Haltung im Aquarium ist als mittelschwer zu bezeichnen.

114/115.
Parachaetodon ocellatus
Jungtiere
3,5 und 5 cm.
116.
Fast erwachsenes Tier, 10 cm.
Aquariumaufnahme.

117.
Parachaetodon ocellatus
Ausgewachsen
12,5 cm,
UW-Aufnahme.

▼ 117

Familie: *Scorpididae* Steinbrassen
Gattung: *Atypichthys*

Atypichthys strigatus (GÜNTHER 1860)
Östlicher Fußballspieler

Diese Steinbrassen leben gewöhnlich nahe der Küste in felsigen Gebieten in einer Tiefe von 5 bis 40 m. Der Fisch ernährt sich hauptsächlich von Algen. Er erreicht eine maximale Länge von ca. 17 cm. Vorkommen: Kermadec-Inseln, Neuseeland, Norfolk und Lord Howe-Insel, Küsten von West- und Ost-Australien. Morphologisch unterscheidet sich *Atypichthys* von der nachfolgenden Gattung Microcanthus durch das Fehlen von Zähnen auf dem Flugscharbeinknochen (FRASER–BRUNNER 1945). Über Haltung im Aquarium von *Atypichthys strigatus* ist nichts bekannt, doch dürfte sie der der nachfolgend beschriebenen Gattung und Art ähnlich sein.

118.
Atypichthys strigatus
Ausgewachsen
15 cm.

Gattung: *Microcanthus*

Microcanthus strigatus (CUVIER 1831)
Nagasakifisch

Microcanthus strigatus (Bild 120) lebt häufig in den Felsenlöchern an der südlichen Küste von Queensland, um die Lord Howe-Insel und in den Korallenriffen nördlich bis zur Capricorn-Gruppe im Großen Barriere-Riff. Sein weites Verbreitungsgebiet erstreckt sich nach Norden hin über die Philippinen bis zum Chinesischen Meer. Die Art wird sogar an der südlichen Küste Japans gefunden und erstaunlicherweise recht häufig um Hawaii, wo sie nach GOSELINE und BROCK nicht selten in gewissen Flachwasser-Küstengebieten vorkommt.
Eine geringfügig anders gezeichnete Variante bewohnt ausschließlich die Küste von West-Australien, vom Nordwestkap bis Albany. Bei dieser Variante, die auch schon als *Microcanthus vittatus* (Bild 121) bezeichnet wurde, werden die Streifen zur Afterflosse hin breiter, und der seitliche Längsstreifen, der sich von der Brust bis zur Afterflosse hinzieht, ist bei *M. strigatus* nicht durch einen Knick unterbrochen, wie es bei Exemplaren aus West-Australien der Fall ist. Wahrscheinlich handelt es sich jedoch um ein und dieselbe Art, so wie auch WEBER und DE BEAUFORT in „The Fishes of the Indo-Australian Archipelago", Band VII, die von CASTELNAU 1873 erfolgte Beschreibung als *Neochaetodon vittatus* unter das Synonym von *Microcanthus strigatus* stellten.
KLAUSEWITZ beschreibt *Microcanthus strigatus* als sehr gut haltbar im Aquarium; der Fisch sei besonders gut für Anfänger geeignet und sollte viel häufiger importiert werden. Als Nahrung werden Trockenfutter, Algen, Kleinkrebse, gehacktes Fleisch usw. angegeben. Die Pflegebedingungen dürften damit denen des Argusfisches gleichkommen. M. strigatus wäre also wirklich eine Bereicherung für unsere Aquarien.

119. *Microcanthus strigatus* Halb erwachsen 10 cm.

120. *Microcanthus strigatus* Ausgewachsen 12,5 cm.

121. *M. (vittatus) strigatus* aus West-Australien.

119 ▲ 121 ▼ 120 ▶

Gattung: *Neatypus*

Neatypus obliquus WAITE 1905
Diagonalstreifen-Steinbrassen, Westl. Fußballspieler

Ein weiteres attraktives Mitglied der Familie *Scorpididae* ist der Diagonalstreifen-Steinbrassen. Sein Vorkommen ist auf Gewässer um West-Australien beschränkt. Die Art lebt in großen Gruppen von 50 und mehr Exemplaren. Die Fische sind überhaupt nicht scheu, und man kann sich ihnen bis auf kürzeste Distanz nähern. Felsige, mit Seegras überzogene Bereiche in Tiefen zwischen 6 und 30 m werden bevorzugt. Diese Lebensweise empfiehlt Schwarmhaltung in einem großen Aquarium. In den Aquarien nordamerikanischer oder europäischer Liebhaber war dieser Fisch bisher nicht anzutreffen.

Neatypus obliquus
Ausgewachsen
15 cm.

122

Gattung: *Vinculum*

Vinculum sexfasciatum (RICHARDSON 1842)
Sechsband-Steinbrassen, Mondanzünder

Vinculum sexfasciatum ist eigentlich ein Kaltwasserfisch. Er lebt in den Gewässern um Victoria, Tasmania, südliches Australien und West-Australien, besonders in Felsenriffen. Jungtiere besitzen im vorderen Teil der weichen Rücken- und Afterflossen einen schwarzen Fleck, der jedoch im Laufe des Wachstums verschwindet. Ausgewachsene Exemplare werden bis zu 25 cm lang. *V. sexfasciatum* wurde von früheren Autoren (z. B. AHL) meistens zur Familie der Chaetodonten gezählt. Es hat sich jedoch herausgestellt, daß diese Art der Familie *Scorpididae* zuzurechnen ist. Als Aquariumfisch ist *V. sexfasciatum* nicht bekannt geworden. Seine niedrigen Temperaturansprüche von 10 bis 20° C machen es für einen Warmwasser-Aquarianer kaum möglich, die Fische ihren Ansprüchen entsprechend zu pflegen. Liebhaber von ungeheizten Mittelmeerbecken könnten es wohl versuchen, doch sprechen die langen Transportwege dagegen.

Der deutsche Name Mondanzünder wurde von dem englischen Namen „Moonlighter" wörtlich übersetzt. Die Pflege der Art im Aquarium, so berichtet der australische Fischbiologe C. Lee, sei nicht schwierig, sofern man die Tiere in guter Verfassung ins Aquarium überführen kann. Sie sind scheu und friedlich; daher ist eine Vergesellschaftung mit aggressiven Arten nicht ratsam. Die Ernährung mit kleinen Garnelen (Mysis) bereitet keine Schwierigkeit.

▼ 123

Familie
Scatophagidae

Argusfische

Scatophagus argus

Gattung: *Scatophagus*

Scatophagus argus (var. atro-maculatus)
Rotstirn-Argusfisch (BENNETT 1828)

Zum Vergleich:
Scatophagus argus (BLOCH 1788)
Gemeiner Argusfisch

Fische der Familie *Scatophagidae* sind zwar mit den Falterfischen verwandt, unterscheiden sich von diesen jedoch in wichtigen Einzelheiten: Nach dem Schlüpfen verbringen die Jungen wie die Larven der Falterfische die ersten Wochen freitreibend im Meer. Während dieser Zeit haben sie ein transparentes, silberfarbiges Aussehen. Sie verfügen aber im Larvenstadium nicht über die knöcherne Rüstung, die für Chaetodonten typisch ist. Argusfische bewohnen Flußmündungen, Küstenhäfen und Mangrovenbäche. Ausgewachsene Exemplare werden bis zu 30 cm lang, ihre Farben variieren von silber bis braun. Jungtiere weisen große Farbdifferenzen auf. Daher ist es nicht verwunderlich, daß ihnen die Fischimporteure fälschlicherweise einen eigenen Namen zuteilten: *S. argus „rubrifrons“*. Der zum Vergleich abgebildete Indische oder Gemeine Argusfisch zeigt sowohl in der Jugend- als auch in der Adultform kreisrunde schwarze Flecke auf dem ganzen Körper. Argusfische sind für den beginnenden Seewasseraquarianer nahezu unentbehrlich. Sie eignen sich gut zum Eingewöhnen von Fischen, die schlecht ans Futter zu bringen sind.

124.
Scatophagus argus (var. atro-maculatus) Jugendform der australischen Variante. Leider verlieren die Jungtiere später die schöne rote Zeichnung und die Streifen.

125.
Scatophagus argus Gemeiner oder Indischer Argusfisch, Jugendform 3,5 cm. Kommt nicht in australischen Gewässern vor.

126.
Adultform von *Scatophagus argus.*

127.
Scatophagus argus (var. atro-maculatus) Ausgewachsen 20–30 cm. Australisches Exemplar.

124 ▲

125 ▼

▼ 126

127 ▼

Gattung: *Selenotoca*

Selenotoca multifasciata (RICHARDSON 1844)
Punktstreifen-Argusfisch

Der Punktstreifen-Argusfisch wird bis zu 25 cm lang. Er lebt im Brackwasser der Flußmündungen und in Küstengewässern, von wo er auch in die Flüsse selbst und in kleinere Bäche eindringt. Vorkommen: Küsten von Neuguinea, Neukaledonien, Nord-Australien, Queensland und Neusüdwales. Im südlichen Australien findet man statt *Selenotoca multifasciata* eine ähnliche Art, die unter dem Namen *Selenotoca multifasciata* (Unterart aetate *varians)* bekannt ist, die eine Länge von mindestens 35 cm erreicht.
Alle Argusfische müssen übrigens vorsichtig behandelt werden, da die starken Rückenflossenstacheln schmerzhafte Wunden verursachen können. Haltung im Aquarium ähnlich den anderen Argusfischen.

▲ 128

Die verschiedenen Farbvarianten der Argusfische führen auch heute noch vielfach zu Verwechslungen, besonders deshalb, weil die Wissenschaft sich nicht einig ist, ob die Farbabweichungen echte Arten darstellen oder nur Varietäten sind. Morphologisch sind die nachstehend aufgeführten Spielarten alle gleich:

		Vorkommen	Jugendform	Adultform
Scatophagus argus BLOCH 1788 Gemeiner Argusfisch Bild 126		Indonesien Philippinen	Mit runden Punkten auf dem Körper Bild 125	Mit runden Punkten auf Körper und Flossen. Grundfarbe grünlich
Scatophagus argus (var. atro-maculatus) BENNET 1828 Rotstirn-Argusfisch Bild 127	Synonym: *Scatophagus ornatus* Handelsname „Scatophagus argus rubrifrons"	Neuguinea Nord- und Ost-Australien Ceylon	Rote Stirnzeichnung mit schwarzen Querbinden auf der Körperoberseite Bild 124	Mit unregelmäßigen kleinen Flecken bis Punkten; Grundfarbe grünlich-silbern, teilweise rosa schimmernd
Scatophagus argus var. tetracanthus LACÉPÈDE 1802 Afrikanischer Argusfisch Kein Bild		Küste Südafrikas	4 bis 6 Körperbinden von der Oberseite bis zur Unterseite und in die Bauch- und Afterflosse reichend	Sechs breite, senkrechte Körperbinden, die ab Körpermitte nach unten hin verblassen

Familie: *Enoplosidae*
Gattung: *Enoplosus*

Enoplosus armatus (WHITE 1790)
Doppel-Rückenflosser

Die Art ist in den Küstengewässern der südlichen Hälfte Australiens anzutreffen. In Schwärmen hält sie sich vorzugsweise in felsigem Gebiet auf. Oft kann man ganze Gruppen in dichtem Seetang schwimmen sehen. Ein geringeres Vorkommen ist auch im südlichen Queensland zu beobachten. Maximale Länge ca. 20 cm. Die Haltung im Aquarium bei einer Temperatur von 10 bis 20° C ist möglich. Exporte nach den USA erfolgten bereits. Die Ernährung mit ausgewachsenen Artemien, Mysis, Frostfutter und kleinen Würmern bereitet kaum Schwierigkeiten.

129. *Enoplosus armatus* Jungtier 6 cm, Aquariumaufnahme.

130. *Enoplosus armatus* Ausgewachsen 15 cm, Aquariumaufnahme.

129 ▲ 130 ▼

Familie
Pomacanthidae Kaiserfische

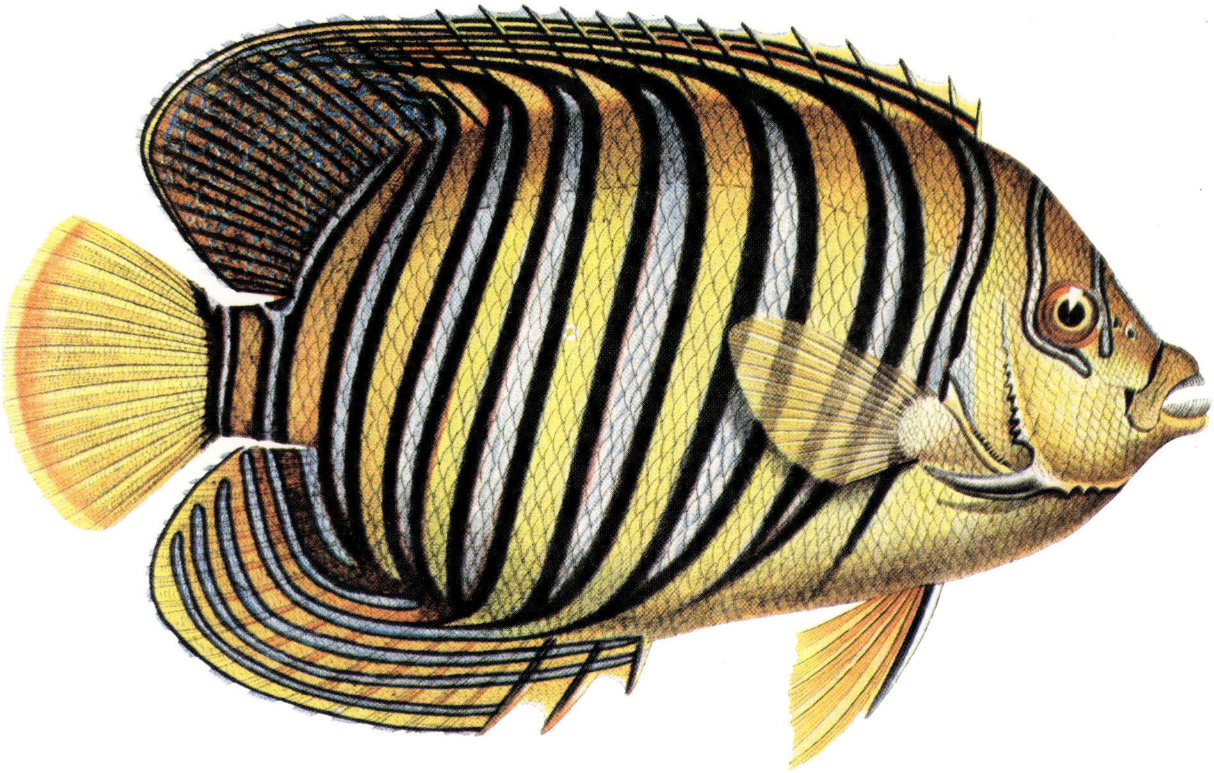

Pygoplites diacanthus

Gattung: *Apolemichthys* Zwergkaiserfische

Apolemichthys trimaculatus (LACÉPÈDE m.s. CUVIER 1831)
Gelber Dreipunkt-Zwergkaiserfisch

131.
Apolemichthys trimaculatus
12,5 cm,
Aquariumaufnahme.

131 ▲

132.
Apolemichthys trimaculatus
Ausgewachsen
15 cm.

132 ▼

Diese farbenprächtige Art verdankt ihren Namen den zwei Seitenflecken und einem dritten auf der Stirn. Frühere Autoren ordneten diesen Fisch der Gattung *Holacanthus* zu, tatsächlich gehört er jedoch zur Gattung *Apolemichthys*. Von anderen großen Kaiserfischen unterscheidet er sich durch eine knochige Auswölbung oberhalb der Augen und durch das Fehlen starker Flossenstacheln. Außerdem fehlt dem seitlichen Kiemenstachel die tiefe Kerbe. Die Rücken- und Afterflossen sind abgerundet. Die ersten Exemplare, die in einem kleinen Korallenriff Australiens beobachtet werden konnten, befanden sich 75 km östlich Cairns außerhalb der äußeren Riffkante. Es handelt sich um drei ca. 15 cm große Tiere, die sich in einer Tiefe von 15 m zwischen dichten Korallen aufhielten. Außerdem wurde die Art um West-Australien gefangen (Northwest Cape), aber auch im Großen Barriere-Riff (Yonge Reef) gesehen. Dieser Fisch bewohnt weiterhin Außenriffe in Neuguinea. Das Verbreitungsgebiet reicht über den östlichen Teil des Indo-Australischen Archipels (Java, Celebes), im Norden zu den Philippinen, im Osten bis zur afrikanischen Küste (Sansibar), Südafrika bis zur Delagoa-Bay (Lourenço-Marques), ebenso zu den Seychellen und Mauritius. Die Pflege im Aquarium ist möglich, bereitet jedoch anfänglich Schwierigkeiten. Es sollten gut mit Algen bewachsene Becken zur Verfügung stehen. Futter: Mysis, Artemia Frostfutter, Rote Mückenlarven, Enchyträen, gefriergetrocknete und Trockenfutter. Es ist sehr auf die Wasserqualität zu achten.

Gattung
Centropyge

Herzogfische

Centropyge tibicen

Centropyge aurantius RANDALL und WASS 1974
Goldbrauner Herzogfisch

Es gibt Beschreibungen dieser Art nach Exemplaren, die in der Nähe der Samoa-Inseln gefangen wurden. Drei bisher nicht beschriebene Tiere, die in einer Tiefe von 3 bis 15 m zwischen Korallen und Schwämmen bei Madang, Neuguinea, gefunden wurden, sind im Australian Museum in Sydney aufbewahrt. Ende 1975 wurde übrigens ein Exemplar in Carter Reef, Queensland, gefunden. Da sich die Fische gern verstecken, ist es nicht leicht, sie zu Gesicht zu bekommen. Haltung und Pflege wahrscheinlich wie bei anderen Herzogfischen: Algenbecken, Pflanzenkost, dazu tierische Kleinnahrung. Das abgebildete Tier ist ca. 10 cm lang.

133 ▼

Centropyge bicolor (BLOCH 1787)
Blaugelber Herzogfisch

Die Gattung *Centropyge* umfaßt die kleinsten Arten in der Familie der Pomacanthiden. *Centropyge bicolor* ist um Neuguinea und im Großen Barriere-Riff weit verbreitet, kommt jedoch überall nicht häufig vor. Das Vorkommensgebiet erstreckt sich über den gesamten äquatorialen Bereich des Pazifischen Ozeans: Indonesien, Mikronesien bis Polynesien (Tahiti etc.), nicht jedoch Hawaii. Der Blaugelbe Herzogfisch liebt steil abfallende Riffkanten und üppigen Korallenwuchs; er lebt paarweise oder in kleinen Gruppen am Meeresboden und hat die Gewohnheit, pfeilschnell von einem Versteck zum anderen zu schießen. Jungtiere trifft man schon im flachen Wasser bei einem Meter Tiefe an, ausgewachsene Exemplare halten sich jedoch gewöhnlich erst in Tiefen ab 10 m auf.

134 ▲

135 ▼

134.
Centropyge bicolor
Ausgewachsen
13 cm,
UW-Aufnahme.

135.
Centropyge bicolor
Fast erwachsen
10 cm,
Aquariumaufnahme.

Centropyge bicolor im Riff

Das Farbkleid wird nicht gewechselt; allerdings gibt es eine „regionale“ Farbnuance: Die Tiere in Neuguinea zeigen ein intensiveres Gelb als australische Exemplare. Maximale Länge 15 cm. Das Hauptexportgebiet dieses sehr häufig importierten Aquariumfisches dürften die Philippinen sein. Haltung recht einfach für erfahrene Seewasseraquarianer. Versteckmöglichkeiten bieten! Futter: Pflanzenkost, Kleinkrebse und Würmer.

136.
Diese herrliche Aufnahme im Australischen Barriere-Riff zeigt zwei *Centropyge bicolor* (ein Tier im rechten Bildrand, das zweite Tier links unten). Der gelbe Fisch rechts oben ist ein nicht mit Sicherheit bestimmter Doktorfisch, wahrscheinlich *Acanthurus pyroferus* KITTLITZ (nach Axelrod); dieser Fisch sieht bei flüchtigem Hinsehen ähnlich wie ein *Centropyge heraldi* oder *Centropyge flavissimus* aus. Der Kenner bemerkt jedoch, daß dem Fisch der typische Kiemenstachel der Kaiserfische fehlt und auch das große, nach oben versetzte Auge und das nach unten gebogene Maul eindeutig auf die Familie der Doktorfische hinweisen.

Centropyge bispinosus (GÜNTHER 1860)

Kennedys Herzogfisch, Blauschwarzer Streifenherzogfisch

Diese äußerst scheue Art kommt nur selten aus ihrem Versteck und ist daher schwer zu fangen und zu fotografieren. Man findet sie, wenn überhaupt, an steilen Riffabfällen des Großen Barriere-Riffs und in der Gegend um Madang, allerdings immer erst ab einer Tiefe von 5 m. *Centropyge bispinosus* ist Einzelgänger oder lebt in kleinen Gruppen. Anfang 1974 wurde ein Exemplar in Bass Point, südlich Woollongong, Neusüdwales, gefangen. Das ist bisher der südlichste Punkt im Vorkommensgebiet dieses Fisches, welches sich bis Südafrika, Mauritius, Seychellen im Westen und bis Tahiti im Osten erstreckt. Ebenso kommt *C. bispinosus* bei den Philippinen vor, von wo aus er auch hauptsächlich in die Aquarien der Liebhaber gelangt. Die Tiere von dort sind die am hübschesten blau-rot gefärbten Vertreter ihrer Art, wie man auf den Fotos 137 und 138 sieht.

Häufig wird sie fälschlich nach dem philippinischen Exporteur Earl Kennedy „C. kennedy“ genannt.

137.
Centropyge bispinosus
Halb erwachsen
7 cm,
Aquariumaufnahme.

137

138.
Ausgewachsenes Tier in herrlichen Farben, Aquariumaufnahme.

139.
Nach dieser Färbung hat der Fisch offenbar seinen Namen erhalten; es handelt sich um ein ausgewachsenes Tier, das jedoch von der üblichen Färbung abweicht. Der Name Blauschwarzer Streifen-Herzogfisch trifft für die meisten Tiere dieser Art nicht zu.

140.
Farbvariante von den Philippinen, 6,8 cm Standardlänge.

141.
Ausgewachsen 8 cm. Farbvariante ohne die sonst übliche Streifung. UW-Aufnahme.

142.
Ausgewachsen 8 cm. Typische Farb- und Streifenzeichnung. UW-Aufnahme im Barriere-Riff.

Farbvariationen von Centropyge bispinosus

138 ▲

139 ▼

140 ▼

141 ▲

142 ▼

Centropyge eibli KLAUSEWITZ 1963
Schmuck-Herzogfisch

Erst vor kurzem wurde diese prächtige Art am North West Cape, West-Australien, von John Braun gefunden. Man kannte den Fisch vorher nur von den Malediven, wo er von dem deutschen Biologen Eibl-Eibesfeldt 1963 entdeckt wurde; daher stammt auch sein Artname. Kürzlich konnte die Art von einer wissenschaftlichen Expedition auch in Indonesien beobachtet werden. Der Fisch liebt reichen Korallenwuchs und ist in einer Tiefe zwischen 10 und 20 m zu finden. Als einer der größten Vertreter der Gattung wird *Centropyge eibli* maximal ca. 15 cm lang. Von Ceylon aus, von wo man Fänge nach Europa und den USA sendet, gelangt die Art manchmal in unsere Aquarien. Die Pflege ist verhältnismäßig einfach, da *C. eibli* gut ans Futter geht.

143 ▲ 144 ▼

143.
Centropyge eibli
Ausgewachsen
14 cm.

144.
Centropyge eibli
Fast ausgewachsen
11 cm,
Aquariumaufnahme.

145.
Centropyge flavicauda
5 cm,
Aquariumaufnahme.

146.
Centropyge flavicauda
Ausgewachsen
5 cm,
Farbvariante vom südlichen Großen Barriere-Riff.

Centropyge flavicauda — FRASER-BRUNNER 1933
Weißschwanz-Herzogfisch

145 ▲

146 ▼

147 ▼

Beobachtet wurde *C. flavicauda* in den Gewässern um Spur Reef, Hicks Reef, dem südlichen Queensland, Bass Point, Woollongong, Neusüdwales und One-Tree Island im südlichen Teil des Großen Barriere-Riffs. Um Neuguinea trifft man ihn hauptsächlich im Gebiet um Madang an, wo er sich vorzugsweise im Korallengeröll des Meeresbodens aufhält, und zwar am äußeren Riffabhang oder aber in Prielen, die zu einer Lagune führen. Das gesamte Verbreitungsgebiet ist nicht völlig bekannt. Im allgemeinen hält er sich in Tiefen zwischen 10 und 20 m auf; in anderen Teilen des Pazifik konnte er jedoch auch bei 40 m noch angetroffen werden. Der Fisch bleibt klein; ein ausgewachsenes Exemplar wird nicht länger als 6 cm. Auf den ersten Blick könnte man ihn leicht mit den Demoisellen (Familie *Pomacentridae*) verwechseln; der Kiemendorn weist ihn jedoch als zu den Kaiserfischen gehörig aus. Das ist allerdings für den Taucher nur schwer zu entdecken, weil die Tiere außergewöhnlich scheu sind. Haltung wie alle kleinen Centropygen. Die Art ist nahe verwandt mit *C. fisheri*.

147.
Zum Vergleich: *Centropyge fisheri*, Orangeblauer Herzogfisch, in der roten Zeichnung mit schwarzem Brustfleck, 8 cm, Aquariumaufnahme.

148.
Centropyge flavicauda
Diese UW-Aufnahme zeigt ein 6 cm großes Tier von Madang/Neuguinea.

148 ▼

Centropyge flavissimus (CUVIER 1831)
Zitronen-Herzogfisch

Dieser Fisch ist in den flachen Gewässern des Zentral-Pazifiks der häufigste Vertreter seiner Gattung. Um Australien und Neuguinea ist er jedoch äußerst selten. Er liebt geschützte Lagunen, doch gibt es auch Ausnahmen: Kürzlich wurde ein Exemplar in der Nähe von One-Tree Island (Capricorn-Gruppe) in 3 bis 4 m Tiefe in einem Brandungskanal gefunden. Der Zitronen-Herzogfisch wechselt das Farbkleid nicht, abgesehen von einem blaugeränderten, schwarzen Seitenfleck, den nur männliche Jungtiere besitzen. Die Nahrung besteht hauptsächlich aus Algen. Im Aquarium ist dieser Herzogfisch nur bei extrem guten Wasserverhältnissen und starkem Grünalgenbewuchs haltbar. Neben Pflanzenkost wird auch kleine tierische Nahrung aufgenommen.

Männliche Jungtiere dieser Art weisen einen schwarzen Seitenfleck auf.

149 ▲ 150 ▼

149. *Centropyge flavissimus „Varietät"* Diese möglicherweise neue Unterart hat neben dem blauen Kiemendeckelrand auch eine schwarze Zeichnung; sie ist äußerst selten und kann erst dann richtig beschrieben werden, wenn der Wissenschaft eine ausreichende Anzahl von Exemplaren zur Verfügung steht.

150. *Centropyge flavissimus* Ausgewachsen 9 cm.

Centropyge heraldi WOODS und SCHULTZ 1953
Goldener Herzogfisch

Über diesen Fisch gibt es nur wenige Berichte. Ein Exemplar, das ich beim Tauchen in den weiten Korallenwäldern von Jenny Louise Shoals, Queensland, beobachten konnte, war außergewöhnlich scheu. Es liegen ferner Berichte aus anderen Gebieten des Großen Barriere-Riffs vor, wie z. B. aus den Riffen um Lizard und Lady Musgrave Islands. Vorkommen: Zentraler und westlicher Pazifik, jedoch meist seltener als *C. flavissimus.* Äußerlich ähnelt der Goldene Herzogfisch diesem sehr, es fehlen ihm jedoch die blauen Farbringe um die Augen und an den Kiemendeckeln. Die Art wird nur etwa 10 cm lang. Pflege wie bei *C. flavissimus.* Die untere Abbildung zeigt zwei Tiere im Riff; die Aufnahme rechts stammt von einem im Aquarium gehaltenen Tier.

151 ▲

152 ▼

Centropyge loriculus (GÜNTHER 1860)
Feuer-Herzogfisch

153 ▲

Schon vor einem Jahrhundert wurde dieser auffallende Fisch in einem Bericht über die Gesellschaftsinseln beschrieben. Da man ihn nur selten zu Gesicht bekam, geriet er in Vergessenheit: Seine „Wiederentdeckung" gelang im Jahre 1960 bei Johnston Island, südwestlich von Hawaii im Zentral-Pazifik. Sein jetziger Entdecker nannte ihn, da ihm Günthers frühere Beschreibung nicht bekannt war, *Centropyge flammeus*. Heute wissen wir, daß diese Art verschiedentlich im westlichen Pazifik auftaucht, u. a. beim Egum Atoll, südöstlich von Neuguinea. Die Fische bevorzugen die äußere Riffwand, wo sie im Bereich von 5 bis 25 m zwischen lebenden Korallen zu finden sind. Ausgewachsene Exemplare werden ca. 12 cm lang. Der Feuer-Herzogfisch ist wohl die widerstandsfähigste Art seiner Gattung und für die Pflege im Aquarium sehr gut geeignet. Wegen der auffallenden attraktiven Färbung ist er eine Bereicherung eines jeden Seewasseraquariums.

154 ▼

153.
Centropyge loriculus
Fast ausgewachsen 7 cm, Aquariumaufnahme. Trotz der einfachen Haltung im Aquarium sollte man der Art wegen ihrer Seltenheit besondere Aufmerksamkeit zuteil werden lassen.

154.
Centropyge loriculus
Diese auffallend rote Art ist eine begehrte Rarität für den Aquarianer. Das Bild zeigt ein ausgewachsenes Exemplar von 9 cm Länge. UW-Aufnahme.

Centropyge multifasciatus (SMITH und RADCLIFFE 1911)
Zebra-Herzogfisch

Der Zebra-Herzogfisch unterscheidet sich äußerlich nur wenig von den anderen Angehörigen seiner Gattung: Statt der üblichen 14 oder 15 besitzt er nur 13 Rückenflossenstacheln. Der Körper wirkt gedrungener. Trotz der großen Verbreitung kann man den Fisch nur selten beobachten, da er in größeren Tiefen lebt. Aus dem australischen Gebiet liegt nur eine Aufzeichnung über die Beobachtung einiger Fische dieser Art vor, die in einer Tiefe von 20 m an einer steilen Klippe im alten U-Boot-Hafen nahe Rabaul, Neu-Britannien, gesehen wurden. Ferner kommt der Zebra-Herzogfisch im östlichen Indonesien, um Borneo sowie um die Philippinen und bis zu den Salomon-Inseln vor. Er gelangte jedoch bisher selten in westliche Aquarien.

155.
Centropyge multifasciatus
Das Tier auf dem Bild ist 9 cm lang und wurde unter Wasser mit einer Nikon-Kamera mit 100 mm Teleobjektiv und einem kleinen Zwischenring aufgenommen. Es ist wahrscheinlich die erste UW-Aufnahme, die von diesem Fisch veröffentlicht wurde.

155 ▼

Centropyge multispinis (PLAYFAIR 1866)
Blaubrauner Herzogfisch

Es ist bis heute fraglich, ob diese Art wirklich in den Gewässern um Australien vorkommt; hier wurde sie der Vollständigkeit halber aufgenommen. Unsere Abbildung zeigt ein importiertes Exemplar, vermutlich aus Darwin, das freundlicherweise von einem Zoohändler aus Sydney zur Verfügung gestellt wurde. Der Fisch ist um Ceylon, von wo auch der Export erfolgt, und auf den Malediven häufiger. Er gelangt nicht selten in den Handel und läßt sich recht gut pflegen. Gegen Kupferbehandlung im Krankheitsfalle ist er wie alle Kaiserfische sehr empfindlich. Das Foto zeigt ein Tier von 9 cm Länge.

156 ▼

Centropyge nox (BLEEKER 1853)
Schwarzer Herzogfisch, Mitternachts-Herzogfisch

In Neuguinea wird der Schwarze Herzogfisch gewöhnlich zwischen den Korallenwäldern an äußeren Riffwänden gefunden, seltener auch in Lagunen. Er ist scheu und zieht sich schnell in sein Versteck zurück, sobald ein Taucher erscheint. Gewöhnlich lebt er allein oder paarweise in Tiefen bis zu 30 m. Maximale Länge ca. 9 cm. Kürzlich wurden Exemplare auch in Australien in der Nähe von Lizard Island gefunden. Das Verbreitungsgebiet erstreckt sich im Norden bis Japan. Von den Philippinen aus erfolgt der Export nach den USA und Europa. Der Schwarze Herzogfisch wird jedoch selten in Aquarien gepflegt, wohl weil er wenig farbig ist. Die Haltung in einem gut bewachsenen Algenbecken ist nicht schwierig.

▼ 157

Centropyge tibicen (CUVIER 1831)
Leuchtfleck-Herzogfisch

Als wohl die größte Art dieser Gattung wird der Leuchtfleck-Herzogfisch bis zu 18 cm lang. Um die Lord Howe-Insel kann man solch große Tiere in den Lagunen beobachten. Außerdem ist der Fisch in den der Küste vorgelagerten Riffen von Neusüdwales, Northern Territory, North West Cape und des südlichen Queensland genauso anzutreffen wie um die Molukken, Philippinen, Neuen Hebriden und nahezu im gesamten Indo-Australischen Archipel. Seine Verbreitung reicht sogar im Norden über Taiwan bis nach Japan. Wie die meisten Angehörigen seiner Gattung ist auch dieser Fisch ein Einzelgänger oder er lebt in kleinen Gruppen. Ausgewachsene Tiere sind dreister als die anderen Centropygen. Die Form des weißen Flecks ist äußerst variabel. Beim Eintritt der Geschlechtsreife wird die gelbe Färbung an den Flossenrändern intensiv betont. Nach den USA und Europa wurde die Art bereits exportiert. Die Pflege von Einzeltieren im Aquarium ist möglich.

158 ▲ 159 ▼

158.
Centropyge tibicen
7,5 cm.
Bei geeigneter Nahrung mit Pflanzen- und Frostfutter jeder Art wachsen die Tiere im Aquarium recht schnell. Die Vergesellschaftung mit anderen dunkel gefärbten Kaiserfischen ist nicht anzuraten, da der Leuchtfleck-Herzogfisch recht aggressiv werden kann.

159.
Centropyge tibicen
Der Leuchtfleck-Herzogfisch, der im Englischen Keyhole Angelfish, also Schlüsselloch-Herzogfisch genannt wird, ist die bestimmende Form für die Beschreibung der Gattung Centropyge. Das Bild zeigt ein fast ausgewachsenes Tier.
Aquariumaufnahme.

Centropyge vroliki Perlen-Herzogfisch

(BLEEKER 1853)

Der in den Gewässern um Australien und Neuguinea am häufigsten anzutreffende *Centropyge vroliki* liebt Lagunen und Riffabfälle, die er bis zu einer Tiefe von 25 m bevölkert. Beim Erreichen der Maximallänge von 12 cm schmückt die dunkle hintere Körperpartie ein hellblauer Saum um die Flossenränder wie bei *C. bispinosus.* Im Vergleich zu den anderen Arten dieser Gattung wirkt *C. vroliki* vom Aussehen her eher eintönig. Vorkommensgebiet: Meeresküsten um Queensland, Neusüdwales, Neuguinea, Philippinen, Salomon-Inseln und Taiwan. Die Angabe von KLUNZINGER 1884, daß dieser Herzogfisch auch im Roten Meer vorkommt, beruht nach KLAUSEWITZ auf einem Irrtum. Die Art ist sehr nahe verwandt mit *C. flavissimus,* was auf den Fotos der nächsten Seite deutlich gemacht wird (natürliche Kreuzung?). Die Haltung von *C. vroliki* ist etwas einfacher als die von *C. flavissimus,* da der Fisch nicht so sehr auf Algen und die darin vorkommenden Kleinlebewesen spezialisiert ist.

160.
Centropyge vroliki
UW-Aufnahme
im Barriere-Riff;
ausgewachsenes
Tier 10 cm.

161.
Ausgewachsen
10 cm,
Aquariumaufnahme.

162.
Halb erwachsenes
Tier 7 cm,
Aquariumaufnahme.

160 ▲

161 ▼

162 ▼

Centropyge vroliki x flavissimus
Hybride

163 ▲

164 ▼

Der hier dargestellte Fisch ist wahrscheinlich eine Kreuzung zwischen *Centropyge vroliki x Centropyge flavissimus.* Die Aufnahmen entstanden im Aquarium eines Zoofachhändlers in New York. Sofern es sich um eine Kreuzung handelt und nicht um eine Unterart, so ist es einmal mehr der Beweis, wie einzelne Arten innerhalb der Gattungen von Kaiser- und Falterfischen sich verwandtschaftlich nahe stehen. Fraglich ist, ob Kreuzungen dieser Art in der freien Natur „gewollt“ zustande kommen können, indem sich Geschlechtspartner aus zwei verschiedenen, wenn auch nahe verwandten Arten zur Paarung zusammenfinden. Voraussetzung dazu wäre, daß gewisse geschlechtsbezogene Verhaltensmechanismen so weit miteinander übereinstimmen, daß dies möglich ist. Nicht „gewollte“, also dem Zufall zu verdankende Kreuzungen finden sich bei Fischen, die in gemischten Schwärmen ohne ausgesprochene Paarbildung ablaichen, so daß die Spermien die „fremden“, reifen Eier erreichen können. Denkbar wäre auch, daß sich die Laichplätze zweier verschiedener Arten in unmittelbarer Nachbarschaft befinden. So sind z. B. Naturkreuzungen bei gewissen Weißfischen nicht selten, die Schwarmlaicher sind. Über das Ablaichverhalten der *Centropyge*-Arten ist leider wenig bekannt. Aquariumbeobachtungen fehlen ganz, aber auch Berichte von Sporttauchern liegen hierzu nicht vor. Hier liegen also Aufgaben, deren Lösung zukünftigen Generationen von Naturfreunden vorbehalten bleiben muß.

Gattung
Chaetodontoplus

Chaetodontoplus mesoleucus

Chaetodontoplus ballinae WHITLEY 1959
Perlgrauer Kaiserfisch

Der abgebildete Fisch ist das einzige bisher bekannte Exemplar. Es befindet sich im Australischen Museum in Sydney und wurde im März 1959 im tiefen Wasser in der Gegend von Ballina, Neusüdwales, gefangen. Farbgebung des lebenden Exemplars: Grundfarbe perlgrau mit scharf abgegrenzten schwarzen Flecken; hellgelbe Augen, Brust- und Schwanzflossen gelb, die restlichen Flossen perlfarben. Taucher und Fischfänger in den Gewässern um die North Solitory-Inseln und Neusüdwales berichteten gelegentlich über einen unbekannten fremdartigen Kaiserfisch, der sich im tiefen Wasser aufhielt. Vielleicht handelt es sich dabei um die hier gezeigte Art. Länge bis zu 20 cm? Über das Verbreitungsgebiet und die Nahrungsansprüche ist nichts bekannt. Die braungelbe Färbung des abgebildeten (toten) Tieres stammt von der Alkoholkonservierung.

165 ▼

Chaetodontoplus conspicillatus (WAITE 1900)
Kragen-Kaiserfisch, Stattlicher Kaiserfisch

Sehr häufig ist der Kragen-Kaiserfisch um die Lord Howe-Insel, doch liegen auch Berichte aus der Gegend um Neu-Kaledonien vor. Außerdem gibt es einen fragwürdigen Fund von der Heron-Insel im Großen Barriere-Riff. Die Art lebt in den Gewässern um die Lord Howe-Insel in Gebieten mit Korallenwuchs. Bevorzugt werden Tiefen von 20 bis 40 m, doch konnte ein Jungtier in einer Lagune schon in 2 m Tiefe gefangen werden. Maximale Länge bis zu 25 cm. Bisher ist nichts über Haltung im Aquarium bekannt.

▼ 166

Chaetodontoplus dubouleyi (GÜNTHER 1867)
Australischer Kaiserfisch

Vorkommensgebiete sind: Der Küste vorgelagerte Riffe in Queensland, Northern Territory und West-Australien, südliches Neuguinea (Aru-Inseln). Die Art wurde nach dem ersten Entdecker M. du BOULEY benannt. Die korrekte Schreibweise ist daher dubouleyi anstatt duboulayi, wie fast überall angegeben. Der Fisch hält sich in Tiefen bis zu 20 m auf, wo er kleine Gruppen bildet. Jungtiere, die nur selten zu beobachten sind, haben die gleiche Färbung wie ausgewachsene Exemplare. Der weiße Fleck hinter den Augen ist bei einigen Alttieren deutlicher ausgeprägt; dann handelt es sich meistens um Männchen. Tiere aus den Gewässern um Darwin haben eine längere Körperform als solche, die um Queensland beheimatet sind. Die maximale Länge beträgt ca. 25 cm. Der Australische Kaiserfisch ist ein begehrter Aquariumfisch, der jedoch sehr selten zu uns gelangt. Nach den USA ist er schon exportiert worden, hauptsächlich jedoch für die großen öffentlichen Schauaquarien.

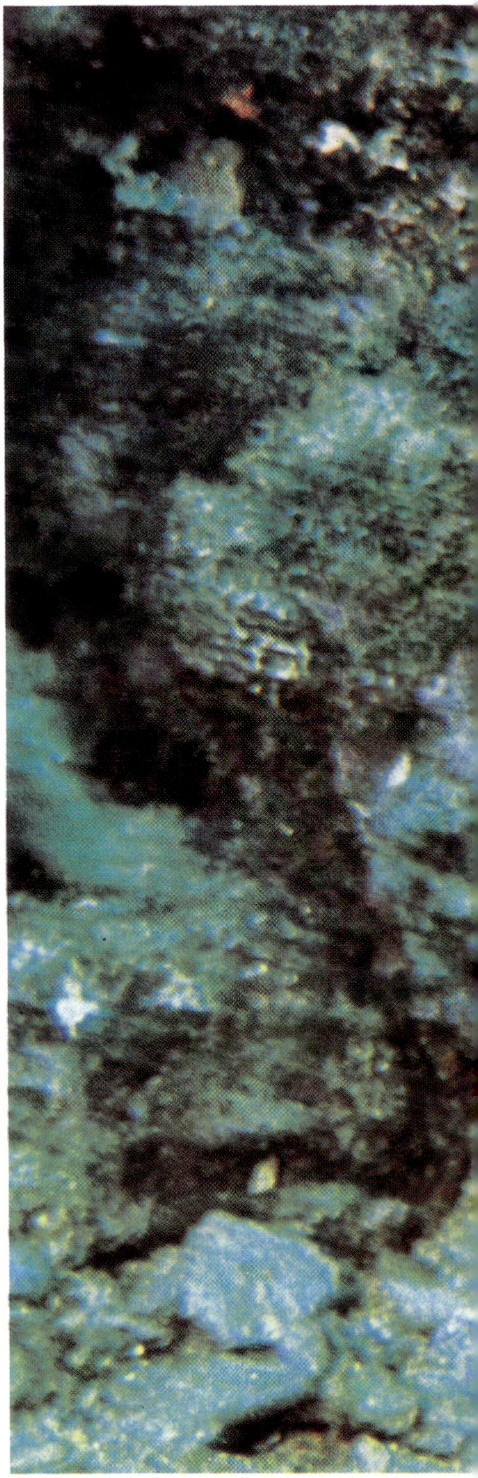

167. *Chaetodontoplus dubouleyi* ♂ 12,5 cm, Aquariumaufnahme.

168. *Chaetodontoplus dubouleyi* ♀ Ausgewachsen 22 cm.

169. *Chaetodontoplus dubouleyi* ♂ 20 cm. UW-Aufnahme im Australischen Barriere-Riff.

Die Haltung dieser überaus prächtigen Art ist in einem nitratfreien Algenbecken verhältnismäßig einfach. Allerdings stößt der Erwerb von gesunden Tieren infolge des langen Transportweges aus Australien stets auf Schwierigkeiten. Wegen des seltenen Vorkommens sollten sich nur erfahrene Seewasseraquarianer an die Pflege dieser Art wagen. Abwechslungsreiche, auch pflanzliche Nahrung ist Bedingung für gutes Wachstum.

167 ▲ 168 ▼ 169 ▶

Chaetodontoplus dubouleyi im Riff

Chaetodontoplus melanosoma (BLEEKER 1853)
Phantom-Kaiserfisch

Bisher konnte diese Art in australischen Gewässern nicht beobachtet werden; östlich von Neuguinea (Samari-Inseln) wurde jedoch ein Exemplar im Hafengebiet gefangen. Der Fisch wird maximal 17 cm lang. In der Abbildung des ichthyologischen Atlas von BLEEKER hat *H. dimidiatus* eine gelbe Schwanzflosse, während die von *Ch. melanosoma* gelb gerändert ist. Nach FRASER-BRUNNER soll es sich dabei um Geschlechtsunterschiede der letztgenannten Art handeln. Welcher Zierfischexporteur hat ein Paar zur Verfügung und kann Auskunft geben? Die Jungtiere sind wie bei vielen Kaiserfischen anders gefärbt als ausgewachsene Exemplare. Tiere bis ca. 6 cm sind dunkelblau mit einer gelben sichelförmigen Binde (siehe Zeichnung) gefärbt. Die Art ist im Aquarium haltbar.

170 ▲ 171 ▼

170. *Chaetodontoplus melanosoma* Halb erwachsen 11 cm, Aquariumaufnahme.

171. *Chaetodontoplus melanosoma* Ausgewachsen 15 cm.

Chaetodontoplus mesoleucus (BLOCH 1787)
Rauchgrauer Zwergkaiserfisch, Mond-Zwergkaiserfisch

Der Fisch sieht auf den ersten Blick wie ein Falterfisch der Gattung Chaetodon aus, weist jedoch bei näherem Betrachten den charakteristischen Kiemenstachel auf, wie er für Kaiserfische typisch ist. Vorkommen: Küstengewässer um Indonesien und die Philippinen. In Madang, Neuguinea, lebt diese Art in Tiefen von 2 bis 20 m. Meist handelt es sich um Einzelgänger, denen man sich leicht nähern kann. Die Art wird 17 cm lang. Sie sieht dem Rauchglas-Zwergkaiserfisch *Apolemichthys (Holacanthus) xanthurus* recht ähnlich, hat jedoch weniger als 50 Schuppen entlang der Seitenlinie, während die *Chaetodontoplus*-Arten 85 und mehr besitzen. *Chaetodontoplus mesoleucus* erweist sich in der Pflege erfahrener Aquarianer als haltbar. Ernährung mit Pflanzenkost und kleinerer tierischer Nahrung.

172 ▲ 173 ▼

172.
Chaetodontoplus mesoleucus
Ausgewachsen 15 cm. UW-Aufnahme.

173.
Chaetodontoplus mesoleucus
Halb ausgewachsen, 10 cm, Aquariumaufnahme.

Chaetodontoplus personifer (McCULLOCH 1914)
Sternchen-Kaiserfisch, Himmelsmasken-Kaiserfisch

Eine seltene Art, die nur gelegentlich in der Korallensee des nördlichen Queensland und im Großen Barriere-Riff (Capricorn Gruppe, Pompey und den Swain-Riffen) vorkommt. Beobachtungen liegen ferner aus West-Australien und Neusüdwales vor. Die Fische halten sich an der Innenseite der den Küsten vorgelagerten Riffe auf. Der dunkle Kopf der Jungtiere weist über den Kiemendeckeln eine breite weiße Binde auf. Ihre dunkle Kopfzeichnung geht später allmählich in das typische Blau der Alttiere über. Dieser Kaiserfisch ist äußerst neugierig und nähert sich dem Taucher völlig unbefangen. Gewöhnlich lebt der Himmelsmasken-Kaiserfisch allein oder in kleinen Gruppen. Länge max. 23 cm.

174 ▲ 175 ▼

174. *Chaetodontoplus personifer* Jugendform 6 cm, Aquariumaufnahme. Die Jugendform weicht sehr stark von der Adultform in der Zeichnung ab, weshalb es für den Aquarianer schwer zu glauben ist, daß beide Fische zur gleichen Art gehören. Berichte über die Pflege im Aquarium liegen nicht vor, dagegen beweisen Fotos aus den USA, daß die Art dort schon importiert wurde. Die Ernährung dürfte ähnlich der anderer Kaiserfische sein.

175. *Chaetodontoplus personifer* Ausgewachsen 23 cm, UW-Aufnahme. Der Fisch erhielt seinen deutschen Namen von seiner hübschen Kopfzeichnung, die ähnlich einer Maske hellblau gezeichnet ist mit goldgelben Pünktchen.

Gattung
Euxiphipops

Euxiphipops sexstriatus

Euxiphipops navarchus (CUVIER 1831)
Traumkaiserfisch, Blaugürtel-Kaiserfisch

Kaiserfische sind die „Exoten" unter den Fischen. Der Traumkaiserfisch bildet da keine Ausnahme! Diese prächtigen Tiere behalten das gleiche Farbkleid fast während ihres ganzen Lebens. Nur die kleinsten Jungfische weisen eine andere Zeichnung auf. In Neuguinea findet man den Fisch häufig in geschützten Lagunen und in den Korallenbeständen der Riffabfälle in Tiefen zwischen 3 und 30 m. Meistens handelt es sich um Einzelgänger, denen man sich leicht nähern kann. Diese Art wird bis zu 25 cm lang. Auch von den Rowley Shoals liegen uns neuere Berichte vor. Meist gelangt der Traumkaiserfisch von den Philippinen zu uns. Er ist im gesamten Indo-Australischen Archipel zuhause. Jüngere Tiere (ohne Transportschäden) gewöhnen sich schnell ein und nehmen nach anfänglicher Scheu sogar Flockenfutter aus den Fingerspitzen.

176.
Euxiphipops navarchus
Halb ausgewachsen 15 cm.
UW-Aufnahme im Barriere-Riff.

177.
Euxiphipops navarchus
Bis zu einer Länge von 4 cm sind Jungtiere leicht mit denen von *P. annularis* zu verwechseln. Diese haben jedoch eine weißliche Schwanzflosse.

178.
Euxiphipops navarchus
5 cm, Aquariumaufnahme. Die Jungtiere haben eine dunkelblaue Grundfarbe mit hellblauen Streifen und orangefarbener Rücken- und durchsichtiger Schwanzflosse.

◄ 176 177 ▲ 178 ▼

Euxiphipops sexstriatus (CUVIER 1831)
Sechsbinden-Kaiserfisch

Bei dieser Art handelt es sich wohl um den um Australien und Neuguinea am häufigsten zu findenden großen Kaiserfisch. Das Vorkommen um Australien beschränkt sich auf Queensland und West-Australien. Sonstiges Vorkommen: Salomon-Inseln, Philippinen und südliches Indonesien. Im Barriere-Riff (Green Island) leben etwa 20 Paare auf 1000 qm. Die Tiere bevorzugen Wassertiefen von 2 bis 5 m. Das Jungtier sieht dem von *Pomacanthus semicirculatus* sehr ähnlich, doch verlaufen die weißen Körperstreifen vertikal und nicht geschwungen wie bei diesem. Ausgewachsene Exemplare leben meistens paarweise. Sie ziehen sich schnell in ihre Verstecke zurück, sobald sich ihnen ein Taucher nähert. Die Fische stoßen auch einen lauten Grunzlaut aus, wenn sie sich bedroht fühlen, etwas, was wir ebenso von einigen anderen Kaiserfischen kennen. Die maximale Länge beträgt ca. 30 cm, seltener auch bis zu 50 cm. Wegen seiner enormen Größe wird dieser Kaiserfisch selten importiert. Für die Haltung im Aquarium nicht empfehlenswert, da die Größe der Tiere eine fachgerechte Haltung nicht ermöglicht.

179. *Euxiphipops sexstriatus* Jugendform 8 cm.

179 ▲

180. *Euxiphipops sexstriatus* Halb ausgewachsen; noch mit der blauen Querbindenzeichnung der Jugendform am Kopf, 10 cm. Aquariumaufnahme.

180 ▼

Euxiphipops sexstriatus x xanthometapon Hybride

Das Bild zeigt wiederum eine Hybridenform von zwei verschiedenen Arten von Kaiserfischen. Wahrscheinlich handelt es sich um *E. sexstriatus x E. xanthometapon;* das Tier ist fast ausgewachsen und hat eine Länge von 25 cm. Es wurde während einer wissenschaftlichen Expedition am 10. 10. 1975 am Michaelmas-Riff, Queensland, in einer Tiefe von 13 m gefangen. Es befand sich in Gesellschaft eines *E. sexstriatus,* ungefähr der gleichen Größe. Einige Elterntiere beider Arten konnten ebenfalls in der Nähe beobachtet werden. Lediglich zwei weitere Berichte, die auch auf Kreuzungen zwischen Kaiserfischen hindeuten, liegen aus der Karibik vor und dazu die auf Seite 110 beschriebene Kreuzung von *Centropyge vroliki x C. flavissimus.*

182.
Euxiphipops sexstriatus
Ausgewachsen 30 cm.
UW-Aufnahme im Barriere-Riff.

181 ▼

182 ▶

Euxiphipops sexstriatus im Riff

Euxiphipops xanthometapon (BLEEKER 1853)
Diadem-Kaiserfisch

Der Diadem-Kaiserfisch ist um Australien und Neuguinea nicht oft zu beobachten. Ausgewachsene Tiere erreichen eine Länge von ca. 38 cm. Sie halten sich gern an steilen Riffabfällen oder in geschützten Lagunen in Tiefen von 5 bis 20 m auf. Gewöhnlich sind sie Einzelgänger. Vorkommen in Australien: Queensland und West-Australien, sonst bei Teluk Betung an der Südspitze von Sumatra, bei den Karolinen-Inseln (Mikronesien) und um Celebes. Der Diadem-Kaiserfisch wird regelmäßig von philippinischen Exporteuren und aus Singapur angeboten. Die Haltung ist nur sehr erfahrenen Aquarianern möglich; am besten läßt sich ein Tier von 10 bis 15 cm Länge eingewöhnen.

183 ▲ 184 ▼

Kopf des Diadem-Kaiserfisches
Euxiphipops xanthometapon

▼ 185

183.
Euxiphipops xanthometapon
Jugendform 7,5 cm.

184.
Euxiphipops xanthometapon
Ausgewachsen 25 cm,
Aquariumaufnahme.

Gattung
Genicanthus Lyrakaiserfische

Genicanthus lamarck

Genicanthus lamarck (LACÉPÈDE 1802)
Vierstreifen-Lyrakaiserfisch, Lamarcks Engelfisch

Die deutsche Gattungsbezeichnung ist meist „Engelfische", die jedoch für die Gattungen *Angelichtys, Arusetta* und *Plitops* bereits verwendet wird, weshalb hier zum Unterschied die Gattungsbenennung „Lyrakaiserfische" gewählt wurde.
Die Gattung *Genicanthus* ist unter den Kaiserfischen am wenigsten bekannt, wohl hauptsächlich, weil die meisten Arten in tiefen Riffgräben in der Nähe von Steilabfällen leben. Es ist wahrscheinlich, daß sie sich hauptsächlich von Plankton ernähren. Sie bilden kleine bis größere Gruppen, die häufig im mittleren Wasserbereich beim Fressen in gutem Abstand vom Boden beobachtet werden können. Es handelt sich also nicht um typische Bodenfresser. Die Fische dieser Gruppen zeigen im Gegensatz zu anderen Falter- und Kaiserfischen erstaunliche Farbunterschiede zwischen Männchen und Weibchen. Unter Ichthyologen hat diese Farbgebung Verwirrung gestiftet: Die verschiedenen Geschlechter wurden früher als gesonderte Arten betrachtet. Mit Hilfe der modernen Tauchtechnik ist es jedoch den Biologen möglich, auch die tiefer gelegenen Riffe zu erforschen. Es besteht somit keine Schwierigkeit mehr, die Geschlechter zu unterscheiden. Anhaltspunkte hierfür sind die unterschiedlichen Färbungen der Bauch- und Schwanzflossen.
Die Männchen dieser Art haben einen hellgelben Stirnfleck und ihre Schwanzflossen sind länger ausgezogen als die der Weibchen. Maximale Länge 24 cm.
Einige Exemplare des Vierstreifen-Lyrakaiserfisches wurden in einem ungewöhnlichen Vorkommensgebiet in der Nähe des Kais von Samarai, Neuguinea, in einer Tiefe von nur 10 m gesichtet. Auf den Molukken wird der Fisch als sehr schmackhaft geschätzt. Vorkommen selten bis zum Zentral-Pazifik (Salomon-Inseln, Neue Hebriden). Diese unruhigen, ständig im Aquarium umherschwimmenden Fische bleiben scheu. Da sie selten zu uns gelangen, ist wenig über sie bekannt. Die Haltung ist jedoch in langgestreckten Becken ab 1,20 m Länge möglich. Versteckmöglichkeit ist Bedingung. Als Planktonfresser wird jedes feinere, freischwebende Futter angenommen. Es ist abwechslungsreich mit Frostfutter, Flockenfutter und guten gefriergetrockneten Futtermitteln (keine Tubifex!) zu füttern.

186 ▲ 187 ▼

▼ 188

186.
Genicanthus lamarck. Ausgewachsenes ♀ 9,5 cm.*

187.
Genicanthus lamarck. Ausgewachsenes ♂ 12 cm.*

188.
Genicanthus lamarck. ♀ 9 cm,* Aquariumaufnahme.

* Standardlängen

Genicanthus melanospilos (BLEEKER 1857)
Zebra-Lyrakaiserfisch

Wie aus der Abbildung zu ersehen, unterscheiden sich Männchen und Weibchen beträchtlich. Beide Geschlechter bevorzugen eine Tiefe von wenigstens 20 m; sie sind stets zusammen zu finden. Man hat sie im Großen Barriere-Riff oberhalb Cairns sowie in Madang und Rabaul in Gebieten mit sanddurchsetztem, reichem Korallenbewuchs beobachten können. Das Weibchen wurde früher als *Genicanthus macclesfieldiensis* beschrieben. Die maximale Länge beträgt 21 cm.

Die Art ist im westlichen Pazifischen Ozean weit verbreitet. Nach der von RANDALL vorgenommenen Revision der *Genicanthus*-Arten kommt im Roten Meer und im westlichen Indischen Ozean die nah verwandte Art *G. caudovittatus* vor. Haltung im Aquarium wie bei *G. lamarck*.

189. *Genicanthus melanospilos* Ausgewachsenes ♂ 18 cm. UW-Aufnahme.

190. *Genicanthus melanospilos* Fast ausgewachsenes ♀ 9 cm, UW-Aufnahme.

191. Ausgewachsenes ♂, Aquariumaufnahme. Die langen Flossenstrahlen der Rückensowie der Schwanzflosse fehlen bei dem Tier, was sicher auf Transportschäden zurückzuführen ist.

192. Aquariumaufnahme eines ♀ von 12,5 cm.

189 ▲

190 ▲

191 ▼

192 ▼

Genicanthus semicinctus (WAITE 1900)
Halbgebänderter Lyrakaiserfisch

Genicanthus semicinctus kommt nur in den Gewässern um die Lord Howe-Insel vor. Er bewohnt Korallenriffe bis zu einer Tiefe von 40 m. Ein deutlicher Farbunterschied besteht zwischen Männchen und Weibchen. Das Männchen hat eine Reihe von dunklen Querbinden an beiden Seiten. Die Mehrzahl der bekannten Exemplare von *Genicanthus semicinctus* wurden im Jahre 1973 anläßlich einer Expedition zur Lord Howe-Insel gesammelt, die von der National Geographic Society und dem Australian Museum gefördert wurde. Bis zu diesem Zeitpunkt war die weibliche Form des Fisches unbekannt. Warum die Natur die Geschlechter derart unterschiedlich gezeichnet hat, ist nicht klar, aber von anderen Seewasserfischen, z. B. *Coris*-Arten, ebenfalls bekannt. Wahrscheinlich sind beide Eltern revierbildend wie z. B. bei *Chaetodon trifascialis.*

193 ▲

194 ▼

193.
Genicanthus semicinctus
Ausgewachsenes ♀
12,5 cm,
UW-Aufnahme.

194.
Genicanthus semicinctus
Ausgewachsenes ♂
17,5 cm,
UW-Aufnahme.

Genicanthus watanabei (YASUDA und TOMINAGA 1970)
Gelbstrich-Lyrakaiserfisch

Diese Art ist in den Gebieten um Australien und Neuguinea selten. Den einzigen zuverlässigen Bericht habe ich über Funde, die 1972 im Osprey-Riff, oberhalb der nördlichen Küste von Queensland gemacht wurden. Man fand die Exemplare in einer Tiefe zwischen 60 und 70 m auf dem Steilabhang des äußeren Riffs. Es gibt ferner einen unbestätigten Bericht, demzufolge Exemplare dieser Art in der Nähe von Langford Island (bei Haymann Island, Queensland) in der unmittelbaren Umgebung eines steil abfallenden Riffs gesehen wurden. Die Art kommt ferner im Norden um Okinawa, zwischen Taiwan und Südjapan, vor. Männchen und Weibchen weisen starke Unterschiede in der Färbung auf, wobei das Männchen auffälliger gezeichnet ist. Eine Haltung im Aquarium wäre möglich, ist jedoch nicht empfehlenswert, weil die Art so selten importiert wird. Zudem erleiden die Tiere nach dem Fang häufig Gesundheitsschäden infolge zu kurzer Dekompressionszeiten.

195. *Genicanthus watanabei* Fast ausgewachsenes ♀ 10 cm, UW-Aufnahme.

196. *Genicanthus watanabei* Ausgewachsenes ♀ 11 cm.

197. *Genicanthus watanabei* Ausgewachsenes ♂ 15 cm. UW-Aufnahme im Barriere-Riff.

198. *Genicanthus watanabei* ♂ 11,5 cm. Deutlich kann man den gelben Strich in der Körpermitte bis zur Schwanzwurzel erkennen, wovon die Art ihren deutschen Namen hat.

195 ▲

196 ▲

197 ▼

198 ▼

Gattung

Pomacanthus (=Pomacanthodes) Eigentliche Kaiserfische

Pomacanthus imperator

Pomacanthus annularis (BLOCH 1787)
Ringkaiserfisch

Von dieser um Australien sehr seltenen Art konnte in letzter Zeit nur ein Exemplar in diesem Bereich gefunden werden. Es wurde unter dem Hauptanleger von Madang, Neuguinea, in einer Tiefe von 15 m beobachtet. Der Fisch wird ca. 30 cm lang. Er wechselt das Farbkleid während der Wachstumsphase vollständig. Das Hauptverbreitungsgebiet liegt zwischen Sri Lanka (Ceylon) als Hauptexportplatz und Indonesien. Regelmäßige Exporte nach Europa und in die USA sowie die überaus ansprechende Zeichnung ließen diesen Kaiserfisch zu einem der begehrtesten Seewasserfische für Aquarianer werden. Er ist jedoch außer *Pygoplites* von den großen Kaiserfischen auch der empfindlichste.

199 ▲ 200 ▼

199. *Pomacanthus annularis* In der typischen Jugendfärbung der großen Kaiserfische; 7 cm. Diese Art kann in der Jugend leicht mit *P. chrysurus* verwechselt werden, hat jedoch nicht die gelbe Schwanzflosse der letztgenannten Art.

200. *Pomacanthus annularis* Fast ausgewachsen 18 cm, Aquariumaufnahme. Der Ringkaiserfisch bevorzugt ein großes Algenbecken mit Höhlen als Versteckmöglichkeit. Man kann jegliche Nahrung reichen, Frischfutter wird bevorzugt. Nicht ans Futter gehende Tiere gewöhnt man mit sogenannten Futtersteinen ein.

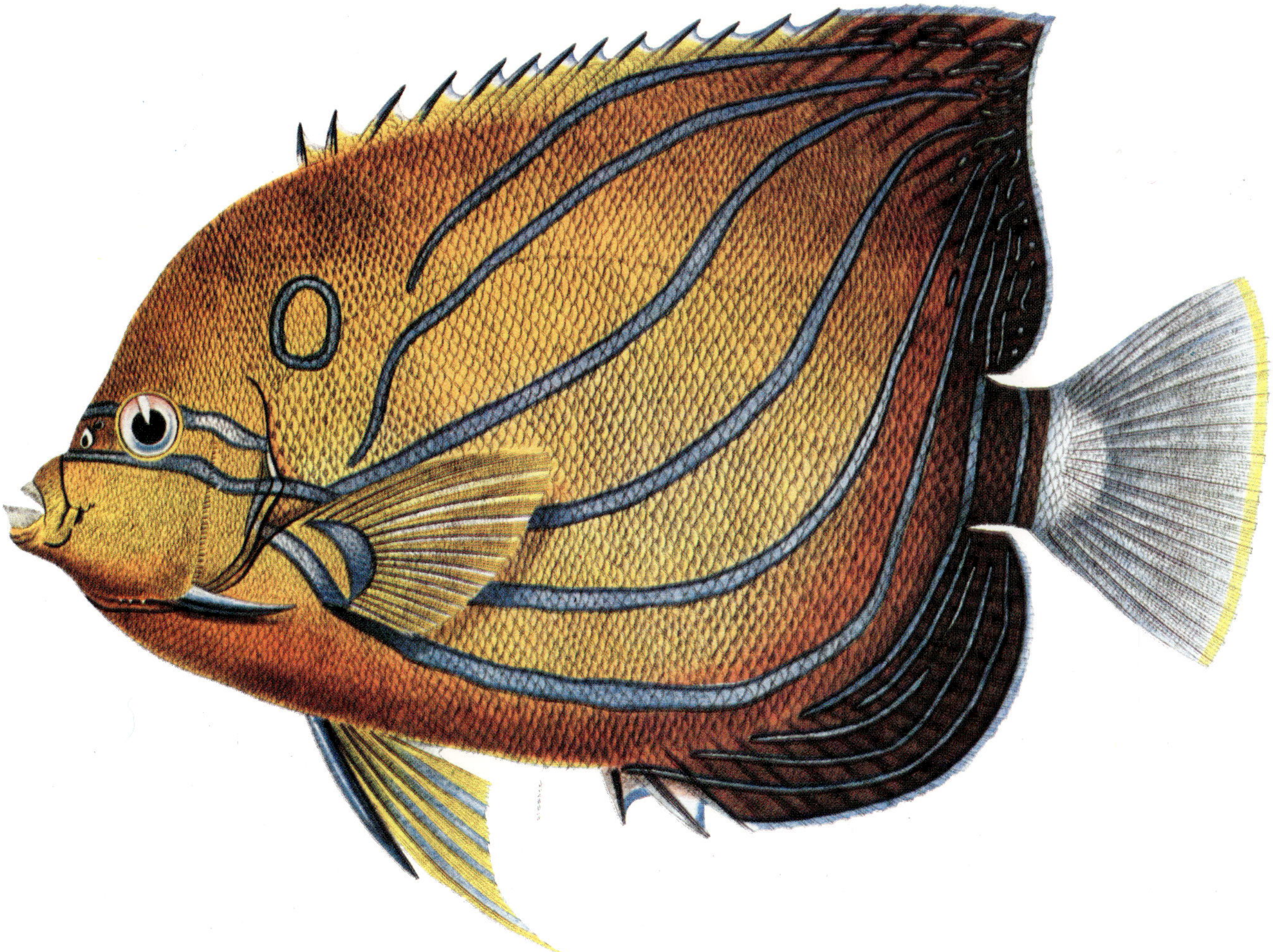

Pomacanthus annularis

Pomacanthus imperator (BLOCH 1787)
Imperator, Eigentlicher Kaiserfisch

Der „Eigentliche Kaiserfisch" kommt fast ausschließlich in den äußeren Riffen vor, die aus lebenden Korallen bestehen. Er ist häufig im nördlichen Abschnitt des Großen Barriere-Riffs und um Neuguinea in Tiefen bis zu 25 m zu sehen. Das riesige Verbreitungsgebiet vom Roten Meer und Südafrika bis Hawaii erklärt den häufigen Import für Aquarianer. Im allgemeinen lebt dieser Kaiserfisch allein, ist jedoch auch paarweise oder zu Dritt zu finden. Ein schon außergewöhnlich zu nennender Farbwechsel findet vom juvenilen zum adulten Fisch statt: Jungfische sind dunkelblau mit einer Serie von konzentrisch verlaufenden weißen Ringen. Ausgewachsene Exemplare haben als Kennzeichen eine spitz ausgezogene weiche Rückenflosse.

201 ▲ 202 ▼

201. *Pomacanthus imperator* Jungtier 7,5 cm, Aquariumaufnahme. Jungtiere von *P. imperator* sind von ähnlich gezeichneten Jungtieren anderer großer Kaiserfische deshalb sehr leicht zu unterscheiden, weil dies die einzige Art ist, bei der die weiße Zeichnung in der hinteren Körperhälfte sich zu einem Ring schließt.

202. *Pomacanthus imperator* Halb erwachsenes Tier in der Übergangsfärbung, 10 cm. Aquariumaufnahme.

204. *Pomacanthus imperator* Ausgewachsen 25 cm. UW-Aufnahme im Barriere-Riff.

Maximale Länge ungefähr 30 cm. Der „Eigentliche Kaiserfisch" gab der Familie den deutschen und den wissenschaftlichen Namen. Nach BLOCH müßte die Art „Der Kaiserfisch" heißen. Sie kann sehr ausdauernd sein, bei abwechslungsreicher Nahrung wurden Vertreter der Art bis zu fünf Jahren in Aquarien gehalten. Gegen Artgenossen und ähnlich große Fische häufig aggressiv. Die Jugendform wurde bis 1933 noch als eigene Art, *P. nicobariensis,* angesehen. Die Zeichnung des nebenstehend abgebildeten Jungtieres (Foto 203) weicht von der normalen Form (Foto 201) ab. Das Foto wurde an der ostafrikanischen Küste aufgenommen. Ob dort alle Jungtiere von *P. imperator* diese Zeichnung aufweisen, konnte nicht geklärt werden.

203 ▲

204 ▼

Pomacanthus semicirculatus (CUVIER 1831)
Koran-Kaiserfisch

Es handelt sich um eine Art, die ebenfalls einen aufsehenerregenden Farbwechsel durchmacht. Jungtiere sehen juvenilen *Euxiphipops sexstriatus* sehr ähnlich und werden auch oft mit diesen verwechselt. Vorkommen: Um Queensland, West-Australien, Neusüdwales und Neuguinea. Über den eigentlichen, in diesem Buch beschriebenen Bereich hinaus bewohnt *P. semicirculatus* weite Teile des Indischen Ozeans von Südafrika, Mauritius, Seychellen, das Rote Meer über Sri Lanka bis Indonesien. Von dort geht der Fisch auch in den Pazifischen Ozean bis Okinawa (Japan), Philippinen zu den Neuen Hebriden und Neu-Kaledonien. Ein Exemplar wurde 1976 im flachen Wasser um die Fidji-Inseln gesichtet. Der östliche Punkt dürfte bei den Samoa-Inseln liegen. Die Haltung im Aquarium wie bei

205.–209.
Pomacanthus semicirculatus
Jungtiere verschiedener Größe.
Linke Reihe von oben:
1,7 cm (205.)
4,5 cm (206.)
6 cm (207.)
Rechte Reihe von oben:
10 cm (208.)
17,5 cm (209.)
Halbwüchsiges Tier, das bereits beginnt, sich umzufärben.

205 ▲

206 ▼

207 ▼

208 ▲

209 ▼

210.
Pomacanthus semicirculatus
Ausgewachsen 30 cm.
UW-Aufnahme im Barriere-Riff.

der vorgenannten Art. Gewöhnlich halten sich die Tiere in Tiefen von weniger als 25 m auf. Jungtiere findet man meistens in seichtem Wasser auf Riffspitzen mit sandigen Böden. Ganz kleine Jungtiere halten sich vorzugsweise in Höhlen auf und können daher nur selten beobachtet werden. Erwachsene Exemplare bevorzugen starken Korallenwuchs, wo ihnen eine reiche Auswahl an Verstecken zur Verfügung steht. Für gewöhnlich sind sie Einzelgänger. Maximale Länge ca. 40 cm. Bei dem hier abgebildeten Jungtier von nur 17 mm Standardlänge handelt es sich höchstwahrscheinlich um das kleinste Exemplar, das jemals gefangen wurde (mit Hilfe von Gift [Rotenone] in einer Tiefe von 30 m bei Madang, Neuguinea).

▼ 210

Gattung: *Pygoplites*

Pygoplites diacanthus (BODDAERT 1772)
Pfauenkaiserfisch

Eine der häufigsten im Großen Barriere-Riff vorkommenden Arten aus der Familie der Pomacanthiden ist der Pfauenkaiserfisch. Er zieht Gebiete vor, die eine Vielzahl von Höhlen und Spalten, einen reichen Korallenwuchs sowie leichte Strömung und Wellengang aufweisen. Hier hält er sich in Tiefen bis zu 20 m auf. Im allgemeinen sind die Fische Einzelgänger, es gibt jedoch auch Paarbildungen. Diese Tiere sind immer auf der Wanderschaft; sie schwimmen von einer Höhle zur anderen. Jungtiere halten sich in tiefen Riffspalten auf. Ihre Grundfarbe ist die gleiche wie bei ausgewachsenen Exemplaren, abgesehen von einem Fleck auf der weichen Rückenflosse, der sich beim Heranwachsen verliert. Adulte Tiere erreichen eine Länge von ca. 25 cm. Vorkommen: Um Neuguinea, West-Australien, im Barriere-Riff, vom Roten Meer und Ostafrika bis nach Tahiti. Hauptfangplätze sind die Küstengewässer um Manila, Sri Lanka und Singapur. Die Pflege im Aquarium ist wegen der schwierigen Ernährung meist nicht von großem Erfolg begleitet. Die Fische überdauern selten ein halbes Jahr Gefangenschaft, weshalb man die Haltung in Schauaquarien berufenen Pflegern überlassen sollte. Wer dennoch nicht widerstehen kann, füttere sehr abwechslungsreich mit tierischer und pflanzlicher Nahrung.

211 ▲ 212 ▼ 213 ▶

211.
Pygoplites diacanthus
Jungtier 3,5 cm.
Aquriumaufnahme.

212.
Pygoplites diacanthus
Jungtier 7,5 cm,
UW-Aufnahme.

213.
Pygoplites diacanthus
UW-Aufnahme eines ausgewachsenen Exemplares
18 cm.
Neuguinea.

Verzeichnis der deutschen Fischnamen

Verzeichnis der wissenschaftlichen Fischnamen

* Diese Arten kommen nicht im Gebiet um Australien und Neuguinea vor.

Literaturverzeichnis

Ahl, E. 1923. Zur Kenntnis der Knochenfischfamilie Chaetodontidae, insbesondere der Unterfamilie Chaetodontinae. Arch. Naturg. A 89 (5): 1–205.

Allen, G. R. and D. F. Hoese, J. R. Paxton, J. E. Randall, B. C. Russell, W. A. Starck II, F. H. Talbot and G. P. Whitley 1976. Annotated checklist of the Fishes of Lord Howe Island. Rec. Aust. Mus. 30 (15) 365–454.

Baensch, Hans A.; 1975. Kleine Seewasser Praxis, Tetra Verlag, Melle.

Bagnis, R. and P. Mazellier, J. Bennett and E. Christian, 1974. Fishes of Polynesia, Lansdowne Press, Victoria.

Burgess, W. E. 1974. Evidence for the elevation to family status of the angelfishes (Pomacanthidae), previously considered to be a sub-family of the butterflyfish family Chaetodontidae. Pac. Sci., 28 (1): 57–71.

Burgess, W. E. and H. R. Axelrod, 1972–1976. Pacific Marine Fishes, Books 1–6. T. F. H. Pub. Inc. New Jersey.

Cuvier, G. and A. Valenciennes, 1831. Histoire Naturelle des Poissons, Leurault, Paris.

de Graaf, F. 1969. Das Tropische Meerwasseraquarium. Verlag J. Neumann-Neudamm, Melsungen.

Ehrlich, P. R., F. H. Talbot, B. C. Russell and G. R. U. Anderson. 1977. The behaviour of chaetodontid fishes with special reference to Lorenz's "poster colouration hypothesis". J. Zool. Lond. In Press.

Goldman, B. 1967. Chaetodon aphrodite, the juvenile of Chaetodon flavirostris (Teleostei, Chaetodontidae). Proc. Roy. Zool. Soc. N. S. Wales 1965–66 (1967) 45–51.

Gosline, W. A. and V. E. Brock, 1960. Handbook of Hawaiian Fishes. Uni. of Hawaii Press, Honolulu.

Grant, E. 1972. Guide to Fishes Dept. of Primary Industries, Qld.

Hiatt, R. W., and D. W. Strasburg. 1960. Ecological relationships of the fish fauna on coral reefs of the Marshall Islands. Ecol. Monogr., 30:65–127.

Hobson, E., and E. H. Chave. 1972. Hawaiian Reef Animals.

Klausewitz, W. 1975. Handbuch der Meeres-Aquaristik, Fische I. Engelbert Pfriem Verlag, Wuppertal-Elberfeld.

Marshall, T. 1966. Tropical Fishes of the Great Barrier Reef. Angus and Robertson, Sydney.

Munro, I. S. R. 1967. The Fishes of New Guinea. Dept. of Agriculture, Stock and Fisheries, Port Moresby, New Guinea.

Randall, J. E. 1975. A revision of the Indo-Pacific angelfish genus Genicanthus, with descriptions of three new species. Bull. Mar. Sci. 25 (3):393–421.

Randall, J. E. and D. K. Caldwell. 1970. Clarification of the species of the butterflyfish genus Forcipiger. Copeia No. 4. 727–731.

Randall, J. E. and R. C. Wass. 1974. Two new pomacanthid fishes of the genus Centropyge from Oceania. Japan. J. Ichthyol. 21 (3) 137–144.

Reese, E. S. 1973. Duration of residence by coral reef fishes on home reefs. Copeia No. 1. 145–149.

Slastenenko, E. P. 1957. A list of natural fish hybrids of the world. Hidrobiologi, ser: B, 4 (2–3) : 76–97.

Smith, J. L. B. 1965. The Sea Fishes of southern Africa. Central News Agency, South Africa.

Smith, J. L. B. and M. M. Smith. 1969. The Fishes of Seychelles. The J. L. B. Smith Inst. of Ichthyology, Grahamstown, South Africa.

Stead, D. G. 1906. Fishes of Australia. William Brooks & Co., Limited, Sydney.

The Philippine Journal of Science 1927–59. Ichthyological Papers, Vol. 2. Articles 31–59.

Weber, M. and L. F. De Beaufort. 1936. The Fishes of the Indo-Australian Archipelago Vol. VII.

Whitley, G. P. 1959. More ichthyological snippets. Proc. Roy. Soc. N. S. W. 1957–58:11–26.

Whitley, G. P. 1964. Presidential Address. A. survey of Australian Ichthyology. Proc. Linn. Soc. N. S. W., 89 (1):11–127.

Woods, L. P. and L. P. Schultz. 1953. Subfamily Pomacanthinae. IN L. P. Schultz et al., Fishes of the Marshall and Marianas Islands. Bull. U. S. Nat. Mus., 202 (1):597–608.

Karte von Australien mit den wichtigsten im Text angegebenen Fundorten der aufgeführten Arten

Fotonachweis

Dr. Gerald R. Allen (6): 57, 61, 122, 148, 193, 194

Hans A. Baensch (1): 71

John Butler (2): 87, 88

Helmut Debelius (1): 211

Wade Doak (3): 22, 86, 166

Peter Erbe (1): 80

Dr. Robert Goldstein (1): 154

Rodney S. L. Jonklaas (1): 10

Burkard Kahl (3): 37, 68, 126

Earl Kennedy (2): 177, 178

Rudie Kuiter (14): 3, 29, 69, 82, 133, 140, 144, 146, 150, 156, 157, 171, 183, 199

Roger Lubbock (1): 109

Horst Moosleitner (1): 65

Aaron Norman (52): 1, 8, 23, 25, 31, 33, 36, 38, 40, 42, 50, 54, 59, 63, 66, 72, 75, 92, 96, 99, 103, 111, 112, 115, 119, 125, 129, 131, 138, 139, 143, 145, 147, 149, 151, 153, 162, 163, 164, 167, 170, 173, 174, 180, 188, 191, 192, 200, 201, 202, 207, 208

Arend van den Nieuwenhuizen (12): 16, 26, 27, 45, 49, 64, 95, 116, 135, 137, 159, 161

Roy O'Connor (2): 204, 1 Titelfoto

Steve Parish (1): 104

Dr. John Randall (4): 186, 187, 196, 198

Autor (107): 2, 4, 5, 6, 7, 9, 11, 12, 13, 14, 15, 17, 18, 19, 20, 21, 24, 28, 30, 32, 34, 35, 39, 41, 43, 44, 46, 47, 48, 51, 52, 53, 55, 56, 58, 60, 62, 67, 70, 73, 74, 76, 77, 78, 79, 81, 83, 84, 85, 89, 90, 91, 93, 94, 97, 98, 100, 101, 102, 105, 106, 107, 108, 110, 113, 114, 117, 118, 120, 121, 123, 124, 127, 128, 130, 132, 134, 136, 141, 142, 152, 155, 158, 160, 165, 168, 169, 172, 175, 176, 179, 181, 182, 184, 185, 189, 190, 195, 197, 205, 206, 209, 210, 212, 213, 2 Titelfotos

Vince Vlasoff (1): S. 2/3

Herwarth Voigtmann (1): 203

Die farbigen Fisch-Zeichnungen stammen aus Bleekers Atlas der Niederländisch-Indonesischen Fische von 1876/77.

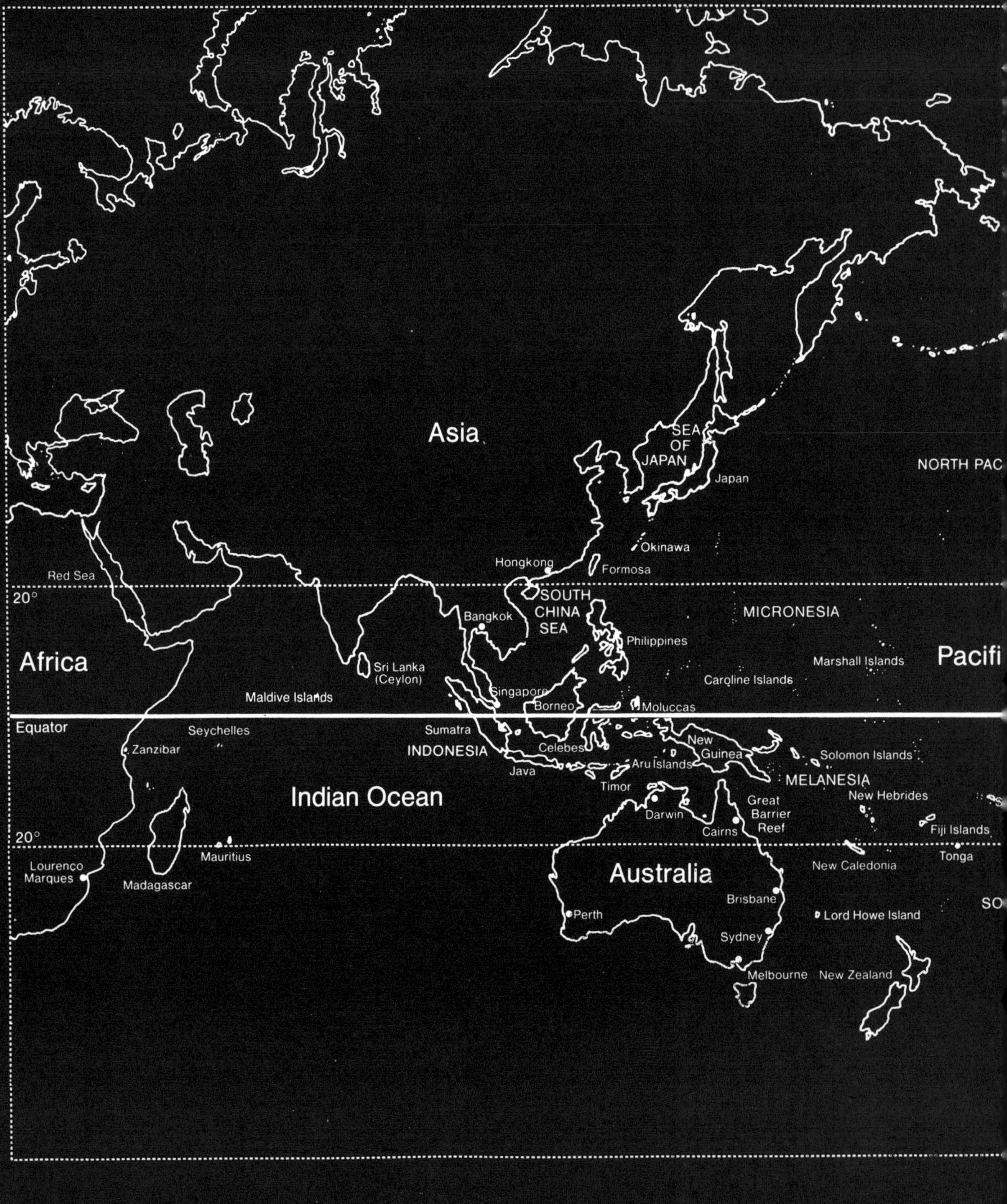
Asia
SEA OF JAPAN
Japan
NORTH PAC
Okinawa
Hongkong
Formosa
Red Sea
20°
SOUTH CHINA SEA
MICRONESIA
Bangkok
Philippines
Africa
Sri Lanka (Ceylon)
Marshall Islands
Pacifi
Caroline Islands
Maldive Islands
Singapore
Borneo
Moluccas
Equator
Seychelles
Sumatra
New Guinea
Zanzibar
INDONESIA
Celebes
Solomon Islands
Java
Aru Islands
MELANESIA
Timor
Indian Ocean
Great Barrier Reef
New Hebrides
Darwin
Cairns
20°
Fiji Islands
Lourenco Marques
Mauritius
Tonga
Madagascar
Australia
New Caledonia
Brisbane
Perth
SO
Lord Howe Island
Sydney
Melbourne
New Zealand